Peter Lauster
Der Sinn des Lebens

Peter Lauster

Der Sinn
des Lebens

ECON Verlag
Düsseldorf · Wien · New York

Umschlagbild und
Pinselzeichnungen von Peter Lauster

CIP-Titelaufnahme der Deutschen Bibliothek

Lauster, Peter:
Der Sinn des Lebens / Peter Lauster. – Düsseldorf; Wien;
New York: ECON Verl., 1989
ISBN 3-430-15911-3

Copyright © 1989 by ECON Verlag GmbH, Düsseldorf, Wien und New York.
Alle Rechte der Verbreitung, auch durch Film, Funk und Fernsehen, fotome-
chanische Wiedergabe, Tonträger jeder Art, auszugsweisen Nachdruck oder
Einspeicherung und Rückgewinnung in Datenverarbeitungsanlagen aller Art,
sind vorbehalten.
Lektorat: H. Dieter Wirtz, Mönchengladbach
Gesetzt aus der Garamond Stempel, Berthold
Satz: Dörlemann-Satz, Lemförde
Papier: Papierfabrik Schleipen GmbH, Bad Dürkheim
Druck und Bindearbeiten: F. Pustet, Regensburg
Printed in Germany
ISBN 3-430-15911-3

»Nichts ist mir zu klein und ich lieb es trotzdem
und mal es auf Goldgrund und groß,
und halte es hoch, und ich weiß nicht wem
löst es die Seele los . . .«

Rainer Maria Rilke

Inhalt

Einleitung

Dieses Buch möchte den Sinn des Lebens nicht belehrend vermitteln. Es möchte vielmehr ein Impulsgeber sein und zum Nachdenken und Lauschen anregen. Denn es wird in diesem Buch um das Seelische gehen, um »Innerlichkeit«, jene »Innerlichkeit«, die von vielen kritisch-ironisch als »neue Innerlichkeit« oder gar als »verquaste Innerlichkeit« oft abgetan wird. Es verursacht mir jedesmal einen geradezu körperlichen Schmerz, wenn ich dieser Abwehrhaltung in Gesprächen, Diskussionen oder Artikeln begegne.

Man lehnt damit – und das ist jenen kritisch-ironischen Zeitgenossen gar nicht bewußt – die Tiefe der eigenen Gefühle und somit sich selbst ab. Das bedeutet, daß die Wirklichkeit, die aus dem Inneren der Gefühle und des Empfindens kommt, lächerlich gemacht wird. Es ist eine Abspaltung vom Selbst und eine Hinwendung zur vermeintlichen »Objektivität« der Fakten. Das aber bedeutet, daß man sich am Äußeren orientiert, ihm die vorrangige Bedeutung einräumt und sich dabei vom eigenen Inneren distanziert, als wäre es etwas Nebulöses, Unakzeptables – ja »Schmutziges«. Die Prüderie der Sexualität gegenüber haben wir, so glauben wir wenigstens, durch die Aufklärung in den sechziger und siebziger Jahren (in weiten Teilen) überwunden. Aber eine Art Prüderie der

Psyche gegenüber wird als Verdrängungsproblem von vielen gar nicht erkannt.

Wir werden uns in diesem Buch deshalb ganz konsequent mit dem Seelischen beschäftigen. Es soll uns ruhig heiß und kalt dabei werden – Ängste dürfen auftauchen und sollten ausgehalten werden. Die Ironie der psychoprüden Intellektuellen, die von »verquaster Innerlichkeit« sprechen, werden wir links liegen lassen.

Für den »Sinn des Lebens« sind üblicherweise Philosophie und Theologie zuständig. Man erwartet ein Buch mit diesem Titel von einem Philosophen oder Theologen mit verbindlichen Aussagen zu den »letzten Fragen des Menschseins«. Ich möchte deshalb sofort solche schwergewichtigen Erwartungshaltungen abbauen. Ich werde keine abstrakten philosophischen oder theologischen Probleme theoretisch erörtern, denn es geht mir darum, ein realitätsbezogenes Buch zu schreiben, das einen lebendigen Bezug zur seelischen Wirklichkeit deutlich macht. Zwar werden dabei auch Erlebnisse berührt, die »ins Religiöse« gehen, die aber dennoch nichts mit Theologie zu tun haben. Wir wollen vielmehr – unabhängig von theologischen Glaubensfragen – gemeinsam betrachten, wie wir in der Gegenwart leben, wie lebendig, aber auch unlebendig dieses Leben sein kann.

Ich schreibe dieses Buch auch nicht als eine Art »Guru«, der eine besondere Lehre vermitteln will. Ich stelle mich also nicht auf das Podest eines Lehrers, der ein »neues System« verkündet, dem jeder zu folgen hat. Ich sehe mich in meiner Eigenschaft als Psychologe und

Autor auch nicht als einen »Weltverbesserer«, der mit missionarischem Eifer den Leser, gar die Gesellschaft »verbessern« will – niemand soll zu etwas bekehrt werden, denn ich stelle weder Dogmen auf, noch vertrete ich eine philosophische, psychologische oder theologische Schule. Dennoch bin ich keineswegs »richtungslos«, wie das Buch zeigen wird, aber es geht dabei um kein Lehrsystem, um keine politische oder sektiererische Richtung. Ich versuche nur, bewußt zu machen, was jeder, wenn er will, selbst nachprüfen kann.

Wenn ich sage, ein rechts angestoßenes Pendel schwingt von rechts nach links und wieder zurück, bin ich keine Autorität (im Sinne eines Verkünders der Wahrheit), denn es handelt sich um eine einfache Tatsache. Eine solche Tatsachenfeststellung spricht für sich selbst; sie bedarf keiner Autorität, die sie missionarisch verkünden muß. Aufgestellte Behauptungen hingegen (ob sie Wahrheit sind oder nicht) soll der Leser selbst prüfen; er wird nicht dazu aufgefordert, etwas »zu glauben« oder zu übernehmen.

Meine Erfahrung als Psychologe hat mir gezeigt, daß viele gar nicht selbst sehen und prüfen wollen, sondern sich lieber einer Autorität anvertrauen: »Sage mir, wie es ist, interpretiere mir die Welt, und ich schließe mich (vielleicht) an.« Es geht in diesem Buch nicht darum, sich auf den Autor als »Sinngeber« zu verlassen, sondern darum, in die eigenen Unsicherheiten und Konflikte selbst aktiv hineinzugehen. Wollen Sie auf diesem Weg mitkommen, selbständig denkend, fühlend und erkennend, ohne nachzufolgen? Dann wäre das der erste Schritt zum Sinn des Lebens, der sich in jedem Menschen individuell verwirklichen will.

Ich höre mitunter den Einwand: »Erklären Sie damit nicht Ihre Aussagen für unverbindlich und wollen sich so aus der Verantwortung stehlen, indem Sie an jeden einzelnen sozusagen den ›Schwarzen Peter‹ zurückgeben?« Die Verantwortung für sein eigenes Leben hat jeder nur für sich selbst. Eine Aufforderung zur Nachprüfung ist daher niemals ein »Schwarzer Peter«. Diese Verantwortung bleibt ja immer beim einzelnen. Das wird sich durch dieses Buch nicht ändern.

Alles, was ich im folgenden schreibe, ist nachprüfbar, und keiner wird aufgefordert, blind zu folgen. Ich sage, schau dir das an, betrachte aufmerksam, es lohnt sich, mache dir deine eigenen Gedanken darüber. Die Aufgabe dieses Buches besteht also darin, das Seelische zur Sprache zu bringen, darauf hinzuweisen und die Energie zu wecken, wirklich bewußt zu betrachten, zu lauschen, zu fühlen und dabei selbst zu erfahren.

Köln, im September 1988

Erstes Kapitel

Die Mythen
vom Sinn des Lebens

»Nun meine ich nicht, daß ich mit noch so
häufigem Rufe das Aufstehen erzwingen würde,
wenn nicht die Zeit zum Aufstehen
wirklich da wäre; aber das Aufstehen muß
bald kommen, auch wenn ich gar nicht rufe;
ich kann höchstens durch meinen Ruf etwas tun,
es zu beschleunigen, und tue, was ich in dieser
Hinsicht vermag. Zum Ruf, der eine schlafende Welt
aufwecken soll, gehört ein starker Atem;
ich bin nur ein Atemzug in diesem Atem.«

GUSTAV THEODOR FECHNER

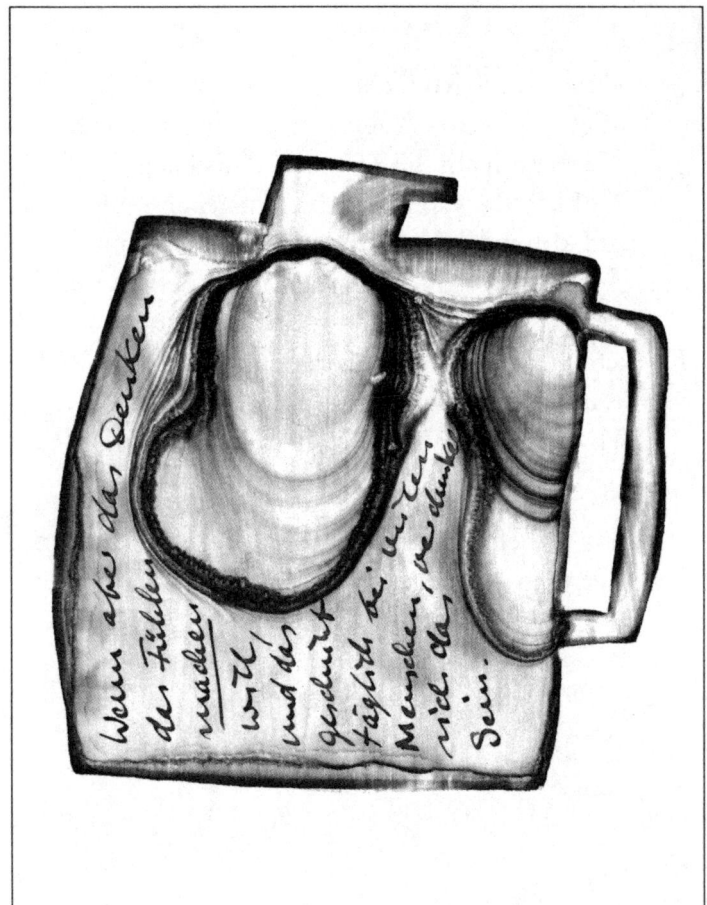

Für die Beantwortung der Sinnfragen des Lebens waren zu allen Zeiten vor allem die Religionen zuständig. Von den 4,8 Milliarden Menschen dieser Erde gehören drei Milliarden einer der fünf Weltreligionen an, dem Christentum (1,4 Milliarden), dem Islam (723 Millionen), dem Hinduismus (583 Millionen), dem Buddhismus (274 Millionen) und dem Judentum (17 Millionen). Diese fünf Religionen gehen entweder auf einen Stammvater zurück oder haben einen Begründer, und alle Religionen vermitteln unter anderem eine Lebenslehre, die »das Gute im Menschen« fördern will und ein friedliches Zusammenleben untereinander anstrebt.

Der Begründer des Judentums, Moses, verkündete: »Du sollst deinen Nächsten lieben wie dich selbst.« So steht es in dem umfangreichen Gesetzbuch des Judentums, der Thora.

Der Begründer des Christentums, Jesus, lehrte: »Alles, was ihr wollt, daß euch die Leute tun sollen, das tut ihnen auch« (Matthäus 7, Vers 12).

Einer der Götter des Hinduismus, Krishna, offenbarte folgende Weisheit: »Sei keinem Wesen gegenüber böse gesinnt, sei gleichermaßen freundlich und mitleidvoll gegenüber Freund und Feind.«

Im Auftrag Allahs diktierte der Prophet Mohammed:

»Ihr sollt den Zorn zurückhalten und den Menschen verzeihen.«

Der Begründer des Buddhismus, Siddhartha Gautama, der nach seiner Erleuchtung »Buddha« (der Erwachte) genannt wurde, lehrte: »Niemals in der Welt hört der Haß durch Haß auf, Haß hört durch Liebe auf.«

Wenn man diese fünf fundamentalen Aussagen der Weltreligionen zusammenreiht, könnte alles von einem Autor stammen: »Du sollst deinen Nächsten lieben wie dich selbst. Alles, was ihr wollt, daß euch die Leute tun sollen, das tut ihnen auch. Sei keinem Wesen gegenüber böse gesinnt, sei gleichermaßen freundlich und mitleidvoll gegenüber Freund und Feind. Ihr sollt den Zorn zurückhalten und den Menschen verzeihen. Niemals in der Welt hört Haß durch Haß auf, Haß hört durch Liebe auf.« Die Botschaft aller Religionsstifter ist in diesem wichtigen Punkt menschlichen Zusammenlebens eine Einheit.

Und wie sieht die Realität aus? Lebt der einzelne, leben die Völker danach? In der Wirklichkeit der Geschichte und der Gegenwart unseres Alltags erleben wir das Gegenteil . . .

Lieben wir den Nächsten wie uns selbst? Wir lieben uns nicht einmal selbst, wir wollen, daß die Leute uns etwas geben sollen, aber wir geben nichts oder möglichst wenig zurück. Sind wir gleichermaßen freundlich und mitleidvoll gegenüber Freund und Feind? Dem Feind gegenüber schon mal gar nicht, nicht einmal zur Freundschaft sind die meisten fähig. Halten wir den Zorn zurück? Nicht einmal gegenüber den Menschen, die wir angeblich lieben. Verzeihen wir den anderen? Zu verzeihen gilt den meisten als eine Schwäche und nicht als eine Stärke.

Buddha formulierte ein psychologisches Gesetz; als er feststellte: »Niemals hört Haß durch Haß auf, Haß hört durch Liebe auf.« Sind wir durch diese elementare Erkenntnis – jeder als einzelner, aber auch die gesamte Gesellschaft – der Liebe näher gekommen? Haben wir durch Liebe den Haß, die Verurteilung, die Feindschaft und die Gewalt gegen Mitmenschen überwunden? Friede zwischen den Menschen als oberste religiöse Erkenntnis und als Gebot, hat er die menschliche Gesellschaft verändert? Wir müssen leider feststellen, daß das alles bis heute nicht gelungen ist.

Betrachten wir uns selbst und unsere Mitmenschen aller Nationalitäten und Rassen. Wir sind geprägt von Egoismus, Eigeninteresse, Neid, List, Intrige, Verurteilung, Angst, Gewalt und Haß. So sieht unser Alltag aus, so verhält sich jeder einzelne, und so verhält sich die Gruppe, eine Gemeinschaft gegenüber der anderen, jede Religion gegenüber einer anderen – obwohl wir, wenn wir wirklich ernst gemacht hätten mit den Aussagen der Religionsstifter in unserer übergreifend-verbindenden Mediengesellschaft, bereits einen weltreligiösen Konsens haben könnten. Davon aber sind wir weit, sehr weit entfernt.

Die Friedfertigkeit, das mitfühlende Mitleid, die Barmherzigkeit gegenüber dem Mitmenschen, die Überwindung von Haß durch Liebe zum Nächsten wie zu uns selbst, die Überwindung von Vorurteilen und von Gewaltanwendung gegenüber dem Mitmenschen ist nicht gelungen. Nicht einmal innerhalb der kleinsten menschlichen Gemeinschaft, der Beziehung zwischen Mann und Frau (und zu ihren Kindern), ist die Botschaft der Weltreligionen in die Herzen eingedrungen. Sie hat sich nicht verwirklicht. Deshalb muß ich sagen, so unangenehm das auch für viele klingen mag, es handelt sich offenbar um ein Ideal. Das Ideal ist aber nicht die Realität.

Woran liegt es, daß das Ideal nicht real geworden ist? Wir fragen die Psychologen, die Biologen und Verhaltensforscher: Ist der Mensch zur Gewalt geboren, ist das Böse seine Natur, oder kann er tatsächlich im Alltag so leben, wie es die Religionsstifter empfehlen? Wenn es nur ein Ideal ist, dann hat das für unser praktisches Leben wenig Sinn, denn dann geht die Realität weiter – hier ist der Alltag und dort ist das Ideal. Das Ideal wird zu »etwas Schönem und Gutem«, es wird im Tempel verehrt, mit Blumen geschmückt und mit angezündeten Kerzen dokumentiert. Wenn es jedoch kein Ideal ist, sondern eine reale Basis hat, wenn es lebbar ist, dann geht man nicht in den Tempel, sondern lebt danach. Ist das Ideal real lebbar?

Die Psychologie und Biologie haben den Menschen erforscht, vermessen und statistisch erfaßt. Eine eindeutige Antwort auf diese Fragen konnten die Humanwissenschaften bis heute nicht geben. Die Beantwortung dieser Frage entzieht sich offenbar der empirischen Forschung, wie wir sie bis heute kennen. Bei dieser letzten Frage nach dem Wesen des Menschen hat die empirisch-quantifizierende Methode versagt.

Wir fliegen zwar zum Mond (das war ein rein technisches Problem), aber wir kennen immer noch nicht unsere eigene Natur. Wir wissen auch immer noch nicht, ob die Religionsstifter recht haben oder uns nur mit einem Ideal in ein Traumgebilde des Wahren und Guten entführen wollten. Das Ideal hat offenbar keine Wurzeln geschlagen in uns selbst, es gaukelt als eine Erfindung unseres Gehirns vor unseren Augen, und wir kehren zurück in den Alltag, in den Kampf um unsere Vorteile – vergessen sind dann Liebe, Mitgefühl, Mitleiden, Barmherzigkeit, Verzeihen, Verstehen, Brüderlichkeit, Gleichheit und Freiheit. Dienen diese Begriffe nur zur Erbauung und Anbetung? Sind wir zum Frieden und zur Liebe nicht fähig? Macht das Ideal vielleicht alles nur noch verspannter und verkrampfter? Mit diesen Fragen sollten wir uns beschäftigen und auseinandersetzen, gleichgültig, welcher Religion wir uns zugehörig fühlen. Wir sollten es gemeinsam versuchen, Sie als Leser und ich als Autor.

Was halten wir für Glück?

Bei einer Umfrage des Meinungsforschungsinstituts Allensbach wurde ermittelt, worin für die Deutschen der Sinn ihres Lebens liegt. Mit 62 Prozent meinten die meisten: »Daß ich glücklich bin und viel Freude habe.« Das klingt zwar sehr oberflächlich, denn wir alle wollen glücklich sein und Freude haben, ist aber verständlich und psychologisch gesehen auch legitim. Wir suchen »das Glück« und »die Lebensfreude«. Nur: Wie gelangen wir dahin?

In der Umfrage gaben 61 Prozent als Glück an: »Daß meine Familie versorgt ist« und 56 Prozent: »Daß es meine Kinder gut haben.« Natürlich muß die Familie versorgt werden, und die Kinder sollen es auch gut haben. 53 Prozent sagten: »Daß ich vor mir selber bestehen kann« und 47 Prozent: »Im Leben etwas zu leisten und es zu etwas zu bringen.« 45 Prozent sagten: »Tun, was mein Gewissen mir sagt« und 44 Prozent: »Das Leben genießen.« Das alles hängt miteinander zusammen, nämlich mit der Verwirklichung des Ichs: Vor sich selbst bestehen, also sich selbst schätzen und anerkennen können, im Leben etwas leisten, etwas werden, Erfolg haben, um das Leben aus tiefster Selbstbewußtheit heraus genießen zu können.

41 Prozent sagten: »Die Welt kennenzulernen und

etwas von der Welt zu sehen.« 40 Prozent gaben an: »Daß ich von meinen Mitmenschen geachtet werde und Ansehen habe« und 36 Prozent: »Daß ich bei anderen beliebt bin.« Wir wollen die Welt, auf der wir leben, kennenlernen, aber nicht einfach nur so, sondern dabei auch von den Mitmenschen geachtet sein, Ansehen haben und beliebt sein. Das positive Selbstwertgefühl spielt für unser Lebensglück eine sehr große Rolle.

Nur 35 Prozent sagten: »An meinem Platz mithelfen, eine bessere Gesellschaft zu schaffen«, und 25 Prozent dachten an einen noch umfassenderen Zusammenhang ihres Lebens: »Daß ich mich in meinem irdischen Leben bewähre, um vor meinem Schöpfer bestehen zu können.« Das ist ein religiöser Anspruch, den 23 Prozent der Befragten auch so zum Ausdruck bringen: »Das tun, was Gott von mir erwartet.« Weitere 23 Prozent äußerten: »Mit allen Kräften mich für eine bestimmte Idee einzusetzen.« 21 Prozent schließlich bekannten: »Ganz für andere dazusein, anderen zu helfen.« Diese Aussage entspricht der von allen fünf Weltreligionen gewünschten Nächstenliebe am meisten.

19 Prozent sahen den Sinn ihres Lebens darin: »Daß ich es zu einem eigenen Haus bringe.« Und schließlich und endlich sagten nur 2 Prozent resigniert: »Ich sehe keinen Sinn im Leben.«

Was wünschen sich Menschen nach dieser Umfrage am meisten? Das ist die Rangreihe der Wünsche:

1. einen Lottogewinn;
2. eine Weltreise;
3. sich für den Frieden in der Welt einsetzen;
4. jemandem das Leben retten;
5. der Hektik des Alltags entfliehen und in ein abgelegenes Dorf ziehen;
6. eine Katastrophe verhindern;
7. am Arbeitsplatz für andere wichtige Erleichterungen schaffen;
8. eine für die Menschheit wichtige Erfindung machen;
9. Entwicklungshelfer in einem armen Land sein;
10. aktiven Einsatz für den Umweltschutz;
11. sich selbständig machen;
12. ein berühmter Sportler sein;
13. ein großer Künstler sein;
14. sich für Außenseiter der Gesellschaft einsetzen;
15. in einem israelischen Kibbuz arbeiten;
16. in einer politischen Versammlung eine Rede halten;
17. eine Gruppe von Freiheitskämpfern anführen.

Persönlich halte ich nicht viel von solchen statistischen Erhebungen und Umfrageergebnissen, denn die Prozentwerte hängen von der Art der vorgegebenen Fragestellung ab, vom Verständnis der Frage und vom eigenen Wunschbild, das oft nicht das wirkliche Selbstbild ist.

An oberster Stelle der Wünsche stehen der Lottogewinn und eine Weltreise. Diese beiden Wünsche korrespondieren mit der obersten Sinnangabe: »Daß ich glücklich bin und viel Freude habe.« Ein Lottogewinn, also viel Geld, damit ich mir mit einer Weltreise viel Freude verschaffen kann. Auf diesen simplen Nenner kann man das Ergebnis der Umfrage bringen. Die Menschen wollen glücklich sein, frei von Sorgen, sie wollen etwas erleben, Freude haben und dabei vor sich selbst bestehen können, etwas leisten, Erfolg haben, geachtet sein, Ansehen erwerben, beliebt oder gar berühmt sein, sich für den Frieden einsetzen, aber auch der Hektik des Alltags entfliehen. Die Umfrage bringt nichts zutage, was wir nicht längst sowieso schon gewußt oder geahnt hätten.

Das Umfrageergebnis ist psychologisch verständlich, es ist ein Vorstellungsbild, eine Projektion in die Zukunft. Mit dieser Projektion im Kopf leben wir im Alltag. Wir leben nicht für den Alltag, im Tag selbst, sondern mit dem Wunschbild im Kopf, wie es sein sollte. Die Glücksvorstellung wird so zu einer Art Flucht vor der Realität. Können wir aber Glück und Freude ohne Lottogewinn und eine bevorstehende Weltreise, im Alltag, dort, wo wir gerade stehen, verwirklichen? Um diese Frage geht es, denn der Lottogewinn (der das alles möglich machen soll) ist, statistisch gesehen, ja höchst unwahrscheinlich. Sich ihn zu wünschen, ist zwar verständlich, aber dennoch äußerst unintelligent. Wir suchen vor allem Glück und Freude, das ist die legitime Erwartung an das Leben. Wie gelangen wir aber aus eigener Kraft dorthin, und zwar ohne den Lottogewinn? Mit dieser Frage wollen wir uns im folgenden sehr ernsthaft und einfühlend (in uns selbst und in andere) beschäftigen.

Die Sinngeber und ihre Absichten

Wenn ein Mensch geboren wird, ist er ein äußerst formbares und lernfähiges Wesen. Er ist, anders als die Tiere, nicht in ein festgefügtes Instinktschema eingebunden. Seine Plastizität ermöglicht ihm die größte Freiheit und Lernfähigkeit aller Lebewesen auf dieser Erde. Es handelt sich hier um eine phantastische Chance, die jedoch meist kläglich verspielt wird.

Mit anderen Worten, in der Sprache eines Bildes, ist der Mensch bei seiner Geburt ein leeres Gefäß, in das die verschiedensten Sinninhalte hineingegossen werden. Nicht das Gefäß ist schuld, wenn ein Leben gelingt oder nicht gelingt, sondern die Inhalte sind es. Wenn der Inhalt »schlecht« ist, werfe ich, um im Bild zu bleiben, nicht das Gefäß weg, sondern ich schütte den Inhalt aus und fülle das Gefäß neu.

Die vielen Sinngeber gießen ihre Inhalte in die Gefäße der heranwachsenden und erwachsenen Menschen. Zuerst die Eltern: Sie vermitteln dem Kind erste Normen, Lebensregeln und bieten Verhaltensvorbilder, die das junge, lernbegierige Wesen zu übernehmen versucht. Um mit Sigmund Freud zu sprechen: Zuerst ist der Mensch »Es«, danach erlebt er, »Ich« zu sein, also ein eigenständiges Individuum, kontrolliert vom »Über-Ich«, den übernommenen Normen, Regeln und Lebensmaximen der

Eltern, Lehrer, Chefs, Lehrmeister und Autoritäten. Verhaltensnormen werden in den Geist introjiziert. Der Heranwachsende ist nicht nur passives Opfer dieser Introjektionen, denn er ist ja lernwillig und lernbegierig. Das Gefäß *will* sich mit Inhalten füllen.

Die Sinngeber – oder schlichter gesagt – die Inhaltgeber sind Eltern, Lehrer, Lehrherren und Ausbilder, die Religionsvermittler, es sind Medien, Autoren, Künstler, Kreative, es ist die gesamte Gesellschaft in ihrer Beschaffenheit, das Wirtschaftsleben mit Werbung und Konsumimpulsen, die Freunde und Bekannten mit ihren prägenden Auffassungen – ein großer Markt von Sinngebern ist zu allen Lebenszeiten präsent.

Überall und ständig werden wir von Sinngebern beeinflußt. Die Mutter sagt zum Sohn: Diese Frau ist nichts für dich. Der Vater sagt: Du darfst ruhig lügen, wenn es dem Zweck nützt, denn der Zweck heiligt die Mittel. Der Lehrer sagt: Da bist du unbegabt, aber hier bist du besser als die anderen. Die Religion sagt: Das ist Sünde, und dieses ist gottgefällig. Die Werbung verheißt: Wenn du dieses Produkt kaufst, wirst du erfolgreich, beliebt und angesehen sein. Der Spielfilm vermittelt: Wenn du mit dieser Mimik sagst: »Schau mir in die Augen, Kleines«, hast du Erfolg bei Frauen. Die Illustrierte rät: Wenn du dich so oder so verhältst, bleibst du jung und schön. Und wenn du gar dreimal in der Woche mit deiner Frau ein intensives Gespräch führst, dann geht sie nicht fremd. – Das ist die Realität, von der wir umzingelt sind.

Die Freundin gibt dir Ratschläge, der gute Freund rät

zu einem Freizeitsport, der das absolute Hochgefühl vermittelt. Dein Bruder aber sagt, du sollst unbedingt dieses eine Buch lesen, dann fallen alle Probleme von dir ab. Der eine schwört auf den total befreienden Tanzkurs in der Schule XY, und der nächste sagt dir eindringlich, daß er auf Yoga und Autogenes Training schwört. Ein anderer wiederum warnt dich, daß das alles falsch sei, denn du müßtest dich der geistigen Bewegung der Licht-Esoteriker anschließen, während ein weiterer dir rät, diesen ganzen Kram zu verwerfen, denn es sei wichtig, sich politisch zu betätigen, damit sich die Welt verändere – einzige Konsequenz: der Öko-Natio-Sozio-Freiheitsbewegung beitreten, die den Krieg garantiert verhindert, die Armut lindert und dein Bewußtsein erweitert. Dein bester Freund aber sagt, er hätte nun entdeckt, was dem Leben wirklichen Sinn gibt, nämlich das Elementarste, die Sexualität – und er lädt dich ein zu einer Gruppensexparty, die jeden Sonntag im Club Jasmin in Sinnsdorf stattfindet.

Du triffst deinen alten Schulfreund, ihr habt euch zehn Jahre nicht mehr gesehen, und er erzählt dir sofort von seinem großen Glück, an dem auch du teilhaben kannst. Denn er geht einmal in der Woche zu einer Gesprächsgruppe mit einem Hypnosetherapeuten, der dich in Trance versetzt, damit du ermitteln kannst, welche Person du vor deiner Geburt warst, wie deine verschiedenen Leben davor verlaufen sind – und nicht nur das. Er sagt dir, was dabei herausgekommen ist. Einmal sei er ein Räuber in der Eifel gewesen, der in einer Höhle lebte, mit einer Gräfin, die er bei einem Überfall aus der

Kutsche gezogen und die sich dann unsterblich in ihn verliebt habe. Er sei gefangen worden und hätte seinen Kopf unter dem Fallbeil verloren; was aus der geliebten Gräfin Sieglinde wurde, wisse er allerdings nicht; aber vielleicht würde sie ihm in diesem Leben wieder begegnen, denn unser ganzes Leben sei eben eine Schicksalslinie, die aus der Vergangenheit käme und über die wir deshalb Bescheid wissen müßten. – Das sind Szenen, die Heiterkeit hervorrufen. Dennoch spiegeln sie traurigen Ernst wider. All das sind keine erfundenen Beispiele, all das sind Begebenheiten, die mir tatsächlich so erzählt wurden.

Schließlich bedrängen dich die vielen Erfolgsratgeber, wenn du tatsächlich durch deine eigene Leistung einmal Erfolg hast. Sie sagen dir, du wirst noch erfolgreicher, wenn du ihnen dein Geld gibst, denn sie stecken es in Kupfer, Zinn, Immobilien auf Atlantis, sie kaufen für dich Ben Zenturio, den kommenden Maler des Jahres 2000 – wenn du ein Bild jetzt für zehntausend kaufst, erzielst du in elf Jahren eine halbe Million für dieses Objekt.

Die Sinngeber und ihre Absichten zeigen, wie wir von »guten Ratgebern« umgeben sind. Die Absichten sind immer die gleichen: Schließe dich mir an! Werde einer von uns! Und was nützt dir das? Dir nützt es gar nichts. Eher schon dem anderen. Denn dem soll es seelische Kraft (oder Geld) vermitteln, wieder einen dazugewonnen zu haben. Deshalb heißt es auf der Hut zu sein vor allen Sinngebern. Sie wollen dich gewinnen für irgendeinen Eigennutz, mag er finanziell, religiös-sektiererisch, ideal oder politisch gefärbt sein.

Dieses Buch ist kein Sinngeber. Ich will niemanden zu irgendeinem eigennützigen oder »gemeinnützigen« Ziel manipulieren, denn ich möchte, daß wir uns frei machen von alledem. Wir müssen ganz neu beginnen, damit sich etwas Wesentliches verwirklicht: Die Liebe.

Sinn und Unsinn des
»positiven Denkens«

Es ist wissenschaftlich erwiesen, daß eine optimistische oder pessimistische Einstellung des Bewußtseins und Unterbewußtseins Einfluß auf die Wahrnehmung hat. Der Optimist vermag mit Schwierigkeiten und Enttäuschungen besser umzugehen und fertig zu werden, der Pessimist dagegen läßt sich leichter erschüttern; er gibt deshalb oft früher bei Problemen auf, als notwendig wäre, und neigt schneller zur Melancholie und Energieschwäche als der Optimist. Es ist also sicherlich vorteilhaft, eher optimistisch als pessimistisch eingestellt zu sein. Wohl kein Psychotherapeut wird seinen Patienten zu einer pessimistischen Grundhaltung raten, wenn er nicht gerade selbst ein unverbesserlicher Misanthrop und depressiver Neurotiker ist.

Sowohl der Pessimist als auch der Optimist sehen die Welt, sich selbst und ihre Stellung und Verbindung zur Umwelt nicht real, sondern nach ihrer jeweiligen Vorstellung. Sie sehen also nicht das, was ist, sondern wie es sein sollte (der Optimist) oder wie sie befürchten, daß es sein könnte (der Pessimist).

Sicherlich ist es besser, Optimist als Pessimist zu sein, aber noch besser ist es, weder das eine noch das andere zu sein. Realist sollte man sein, also den Tatsachen ohne einen Schleier von Vorurteilen direkt ins Auge schauen.

Und damit komme ich zur kritischen Betrachtung der Therapiemethode des sogenannten »positiven Denkens«, die in den letzten zehn Jahren durch viele Bücher zu großer Popularität gelangt ist. Der Hauptvertreter ist Dr. Joseph Murphy, amerikanischer Theologe, Autor und Vortragsreisender. In seinem Buch »Das Wunder Ihres Geistes« vertritt er sogar die Meinung, daß man sich durch positives Denken vor einer Virusinfektion schützen könne, denn jeder selbst nur suggeriere sich, daß er angesteckt werden könne. Dr. Murphy über einen Ratsuchenden: »Ich riet ihm, den Gedanken einer möglichen Ansteckung weit von sich zu weisen, da sich der Entstehungsprozeß (auch dieser Krankheit) von unserem eigenen Denken und Fühlen ableite. Ich betonte noch einmal, daß alles, was geschehe, von eben der schöpferischen Kraft in uns abhänge und daß darum Äußerlichkeiten im Grunde keine Macht über ihn haben könnten!«

Ich verneine die Wirkung schöpferischer Geisteskräfte in uns nicht, wenn ich behaupte, eine solch vertrauensselige Haltung gegenüber ansteckenden Virusinfektionen halte ich für falsch und darüber hinaus für gefährlich, vor allem auch hinsichtlich des Aids-Virus. Allerdings halte ich Dr. Murphy zugute, daß er von diesem heimtückischen Virus noch nichts wußte, als er sein Buch schrieb (er starb 1981).

Der bekannteste Schüler von Dr. Murphy ist in Deutschland der Heilpraktiker und Hypnosetherapeut Erhard F. Freitag, der das erfolgreiche Buch »Kraftzentrale Unterbewußtsein« schrieb, auf das ich mich im folgenden mit einigen Zitaten beziehen werde, die den elementaren Grundgedanken dieser Therapierichtung deutlich machen.

Freitag schreibt:»Wenn Ihnen in Ihrem Alltag etwas nicht gefällt, müssen Sie nur Ihr Denken ändern! So einfach ist es, glücklich zu sein.« Mit Denken wird gemeint, nicht negativ, sondern positiv über Ereignisse und sich selbst zu denken.»Denkt jemand beständig in Harmonie und Erfolg, so wird er sie herbeiziehen. Freuen Sie sich auf jeden neuen Tag, so werden Sie Angenehmes und Schönes erleben.« Es gibt mittlerweile viele Anhänger dieser Methode der Lebensbewältigung, die auch tatsächliche Erleichterungen verspüren und deshalb darauf schwören. Das soll nun niemand wieder genommen werden. Um nicht mißverstanden zu werden: Ich bin nicht gegen Harmonie und Erfolgsgefühle eingestellt, selbstverständlich soll sich jeder auf den neuen Tag freuen, und ich hoffe und wünsche jedem, daß er täglich »Angenehmes und Schönes« erlebt. Aber die Methode, mit der das bewirkt werden soll, ist die *Selbstsuggestion.*

Freitag:»Lassen Sie sich sofort nicht mehr von äußeren Reizen manipulieren, sondern bestimmen Sie selbst mit positiven Suggestionen die Vorgänge in Ihrer Innenwelt. Widmen Sie sich der positiven Pflege Ihrer psychischen Kräfte.« Das geschieht durch suggestive Vorsatzformeln, die man in den Geist,»in das Unterbewußtsein« eindringen läßt und sich auf diese Weise positiv auf das Leben einstimmt. Reicht diese Selbstsuggestion nicht aus, um uns erfolgreich und glücklich sein zu lassen, dann »ist der

Hypnosetherapeut mit seiner intensiv gelenkten Fremd-suggestion die ideale Verstärkung für unsere seelische Kraft«. Selbstsuggestion, nun ja, das mag ja noch ange-hen, denn Selbstbestimmung und Selbstentfaltung sind im Grunde ein richtiger Weg. Aber Fremdsuggestion unter Hypnose, das führt meines Erachtens doch zu weit ab vom Weg der Freiheit und Selbstbestimmung.

Nun ein letztes Zitat zur Verbildlichung dessen, wo-von hier geredet wird, für die Leserinnen und Leser, die bisher noch nichts von Suggestion gehört oder gelesen haben: »Benutzen Sie grundsätzlich die Formeln mit den vier Begriffen der größten Sehnsüchte, die jeden Men-schen bewegen: Ich bin gesund. Ich lebe in Harmonie mit meiner geistigen, unbewußten Kraft. – Ich bin erfolgreich. Ich liebe mich und mein Leben. – Ich fühle mich in Liebe mit allen meinen Mitmenschen verbunden. – Ich bin erfolgreich als Mensch in allen meinen Umweltbeziehun-gen.« So lautet beispielsweise eine Selbstsuggestion oder auch Fremdsuggestion unter Hypnose. In diesen Aussa-gen ist nichts Schlechtes enthalten. Und der Therapeut Freitag meint: »Sie erfahren plötzlich unentwegt ange-nehme, beglückende Reaktionen aus Ihrer Umwelt. Es sind die Reflexe Ihrer eigenen positiven Ausstrahlung.« Und so geht es verheißungsvoll in diesem Buch weiter und weiter. Alles wunderbar, wer hätte denn etwas gegen Gesundheit, Harmonie und Liebe, Verbundenheit und er-folgreichen Kontakt in allen Umweltbeziehungen? In die-ser lieblosen Gesellschaft, in der jeder seinem Eigennutz hinterherjagt, wäre es schön, wenn wir »plötzlich unentwegt angenehme, beglückende Reaktionen« aufgrund unserer »positiven Ausstrahlung« empfangen könnten. Es wäre herrlich, und es klingt verlockend, wenn viele Menschen sagen und danach leben würden: »Ich fühle mich in Liebe mit allen meinen Mitmenschen verbunden.«

Warum bin ich dennoch so analysierend-skeptisch und gehe auf Distanz zu dieser Therapiemethode? Ich behaupte: Das Ziel ist richtig, aber die Methode ist falsch. Ich bestreite nicht die sichtbaren Erfolge der Suggestion, wie ich beispielsweise auch nicht die Erfolge und Wirkungen von Psychopharmaka bestreite, und dennoch sehe ich diese Medikamente sehr, sehr kritisch.

Wir verfolgen zwar das gleiche Ziel, den Menschen zu Gesundheit und Freiheit, zu Liebe und Glück zu führen. Im Ziel sind wir uns einig, alle Religionsstifter, alle Therapeuten, Chemiker und Politiker, vorausgesetzt, sie wollen dem Menschen wirklich helfen und vergessen ihren Eigennutz. Ich unterstelle dem Theologen Murphy und dem Therapeuten Freitag zwar lautere Motive, aber dennoch sage ich: Der Weg, den sie propagieren, ist falsch. Die Aufgabe dieses Buches besteht darin, das weiter zu erläutern und eine ganz andere Dimension aufzuzeigen.

Kommen wir über das Denken
Glück und Sinn näher?

Der Mensch ist ein denkendes Wesen, und seine höchstentwickelte Fähigkeit (im Vergleich zu anderen Lebewesen) ist seine Intelligenz. Die Leistungen dieser Intelligenz sind unbestritten; hierzu zählen die Technik und ihre Erleichterungen für das Leben und die medizinische Forschung mit ihren lebenserhaltenden Entdeckungen und Therapietechniken. Daß wir auf die Denkfähigkeit also große Stücke halten, ist berechtigt.

In diesem Buch werde ich aber von einem ganz anderen Bereich reden. Wir fragen und untersuchen, wie der intelligente Mensch glücklich, gesund und ohne innere Spannung sein Leben so entfalten kann, daß er in Harmonie, Liebe und Freiheit lebt. Wir fragen nach dem inneren Frieden und einer Glückseligkeit, die viele Namen hat – die einen sprechen von Nähe zu Gott, von dem Erlebnis der Einheit im Kosmos, andere sprechen von seelischem Reichtum, von schöpferischer Selbstentfaltung, von Erleuchtung oder Seinserfahrung. Das sind große Worte für einen seelischen Zustand, nach dem alle Menschen eine innere Sehnsucht haben. Es geht dabei um Lebendigkeit, Gesundheit und das Erlebnis der Heilheit. Heilheit ist Ganzheit und das Erreichen des vollkommenen Sinns.

Hier betreten wir das Gebiet des Seelischen, das nicht vom Denken erreicht werden kann. Diese Aussage klingt etwas abstrakt und ist nicht unmittelbar verständlich. Ich versuche sie deshalb an einem Beispiel deutlich zu machen . . .

Das Erlebnis der Schönheit und der Liebe zum Schönen ist nicht über das Denken erreichbar. Wir suchen nach dem Erlebnis der Schönheit, wir betrachten einen Herbstabend, die untergehende Sonne, ihre letzten Strahlen am Horizont über den Wipfeln der Bäume, die lange Schatten ins Gras werfen, das schon dunkel und feucht ist. Über uns ziehen die Schwalben im Hoch- und Tiefflug unermüdlich ihre Bahnen. Wir atmen intensiver ein und aus, wir fühlen: Das ist ein wunderschöner Abend. Hierzu ist kein Denken notwendig (es wäre sogar störend), sondern eine Offenheit aller unserer Sinne. In diesen seelischen Erlebnisbereich hat sich das Denken zurückgezogen, denn es ist nicht notwendig, sondern sogar hinderlich, falls es sich einmischen würde.

Dieses Beispiel erlebter Schönheit ist leicht zu verstehen. Auch in der Liebe sind wir gerade dann der Liebe am nächsten, wenn wir nicht denken. Im Alltag wird die Liebe vom Denken leider überlagert und verzerrt. Das Denken hat die Liebe verformt und sie zu etwas Konfliktträchtigem gemacht. Immer wenn sich das Denken in das Fühlen einmischt, entsteht eine Distanz. Liebe und Schönheit müssen vom Denken frei bleiben, damit sie ihre eigene Qualität offenbaren können. Das Denken, so nützlich es im Berufsalltag auch sein mag, tötet das Gefühlserlebnis, das Erleben, das seelische Leben. Darauf werde ich in den folgenden Kapiteln noch ausführlicher eingehen.

Nochmals zurück zum positiven Denken und zu den Maximen der Sinngeber. Das ist alles gut gemeint, aber sie hindern uns mit ihren Ratschlägen, die über die Ratio ins Unterbewußtsein eindringen sollen, an der Erfassung der Realität. Die Realität ist eben nicht nur schön und liebenswert. Wir streben zwar alle nach dem Guten und Schönen, aber dieses Streben, das aus dem Denken kommt, hindert uns daran, die Wirklichkeit ganz zu erfassen. Wir können nicht das Häßliche, das Lieblose, den Haß und die Gewalt ausklammern. Alle Sinngeber wollen uns zum Erhabenen, zu einem Ideal hinführen, zur Liebe, zur Aggressionsfreiheit, zum Frieden und zur Harmonie. Die Methoden und Techniken, die das Denken produziert, um dorthin zu gelangen, sind geradezu schädlich, weil sie alle von der Realität, von den Tatsachen wegführen wollen – hin zu etwas Besserem, das über den Tatsachen in einem höheren Raum schwebt.

Ideale in Ehren, aber wir können nicht über die Wirklichkeit durch das Ideal hinausgelangen. Wir können das zwar versuchen, durch positives Denken, durch Gebet oder Gottgläubigkeit, durch eine optimistische Einstellung, wir können mit dem Denken viele ideale Ideen und Utopien konstruieren. Wir können in der Kunst leben, aber draußen bleibt die Realität; wir können uns ins Kloster zurückziehen, aber draußen bleiben das Marktgeschehen und die politischen Konflikte; wir können uns gedanklich positiv einstellen, aber der Chef versucht uns weiter zu unterdrücken und zu manipulieren; wir können uns liebend einstellen, aber der Nachbar nimmt darauf keine Rücksicht, er droht uns trotzdem weiter mit Gewalt und Haß. Wir können die Ausstrahlung der Liebe herbeidenken, durch liebende Einstellung, durch positives Denken, durch Selbstkonditionierung, aber das alles kommt aus dem Denken, und es behindert uns, die Wirklichkeit so zu sehen, wie sie ist.

Positives Denken, liebende Einstellung – es handelt sich um ein Ideal. Das Ideal ist zwar verständlich, aber damit kommen wir nicht weiter. Wir werden als »anständige Menschen« eines Tages mit diesem Ideal im Kopf sterben, aber wir waren dadurch vom Leben selbst entfernt.

Das Denken produziert viele Ideale, und dazu gehören die Lebensmaximen der Religionen und der Psychotherapeuten, die uns empfehlen, so oder so zu denken. Wir können so positiv denken wie nur möglich, aber die Realität kümmert sich nicht darum. Eine liebend-positive Einstellung zum Mitmenschen reicht so weit, wie er sich davon berührt fühlt, sich angstfrei zu entfalten. Er wird sich aber davon unabhängig entfalten, so wie er ist, und mein Ideal wird daran nichts ändern können. Ich kann dann um so fester am Ideal festhalten, und die Wirklichkeit wird an mir und meinem Ideal vorbeigehen. Das Ideal hat keinen Einfluß auf die Wirklichkeit. Alles Denken (aus dem das Ideal kommt) ist machtlos, weil die Wirklichkeit nicht den Denkgesetzen der Ideale unterliegt, sondern sich wie Regenwasser seine eigenen Wege zum Fluß bahnt. Das ist nun kein Pessimismus, wie die Idealisten oder Suggestionstherapeuten vielleicht einwen-

Es hat keinen Wert, einer Lebensregel perfektionistisch nachzueifern. Man kann sich in Kenntnissen und Fertigkeiten perfektionieren; hier hat Perfektionierung durchaus ihren Platz. Wenn ich eine Fremdsprache erlerne, kann ich versuchen, darin immer sicherer zu werden. Wenn ein Techniker versucht, ein Fahrzeug zu perfektionieren, zu optimieren, es zu verbessern, dann hat hier Vervollkommnung seinen Sinn. Wir sprechen in diesem Buch nicht von Fertigkeiten, von Wissen, Gedächtnis, Technik oder wissenschaftlichen Optimierungen. Wir reden von der Seele, vom Lebendigsein, von Lebensglück und psychischer Gesundheit. Wir betreten einen Bereich, der nicht mit den Maßstäben der Technik oder Naturwissenschaft gemessen werden kann. Das muß immer wieder betont werden, weil das Denken immer stärker die Herrschaft an sich reißt und dann die Ratio versucht, *alles* an sich zu reißen und den Menschen schließlich als eine Maschine zu sehen, sie wie ein technisches Produkt zu behandeln, als wäre er eine Art Computer.

Ein Computer kann perfektioniert werden, denn er gehorcht bestimmten Regeln und mathematischen Gesetzen; er ist reine Ratio und erweitert die Leistungsfähigkeit des menschlichen Gehirns, sein Gedächtnis (Speicherkapazität) ist immens, übersteigt sie doch die Gedächtnisleistung eines einzelnen Menschen – ein Computer besitzt das perfektere Gedächtnis. Damit können wir uns nicht vergleichen, denn das *Werkzeug* Computer ist besser als wir. Die digitale »Compact Disc« macht es möglich, das zwanzigbändige Brockhauslexikon auf einigen Scheiben zu speichern. Heute schon kann jede gewünschte Stelle aus der Bibel auf dem Bildschirm erscheinen. Wir benutzen dieses Werkzeug, wie wir ein Elektronenmikroskop benutzen oder ein Teleskop, um in Bereiche zu schauen, die unser Auge mit seiner biologischen Begrenztheit sonst niemals erfassen könnte. Solche Werkzeuge können wir perfektionieren.

Aber wir können uns selbst nicht perfektionieren, denn wir selbst, unser Wesen, ist kein Werkzeug. Diesen Unterschied zu verstehen ist sehr wichtig. Arme, Hände und Finger sind Werkzeuge. Das Denken ist gleichfalls ein Werkzeug, damit kann ich rechnen, eine Fremdsprache erlernen, ein Auto steuern, einen Computer optimieren. Davon unabhängig existiert das Seelenleben, das kein Werkzeug ist. Das Seelische ist das ganz andere, vom Werkzeug völlig Unabhängige. Das Seelische bin ich, alles andere ist Beiwerk. Denken ist Beiwerk, ich kann meine Intelligenz als Werkzeug trainieren. Handgeschicklichkeit ist Beiwerk, ich kann sie trainieren. Muskelkraft ist Beiwerk, ich kann sie im Body-Studio perfektionieren. Kunstverständnis ist Beiwerk, ich kann mich schulen lassen, Wissen darüber ansammeln.

Seelenleben ist kein Beiwerk, sondern Zentrum. Die Seele ist kein Werkzeug, sie ist mein Wesenskern. Hier bin ich selbst. Ich selbst sollte kein Werkzeug sein.

Bin ich vielleicht doch Werkzeug? Für andere kann ich zum Werkzeug werden, andere sehen mich als Mitmenschen, als ein soziales Beiwerk, und sie können mich für ihre Interessen und Ideen benutzen.

Wenn Sie bis hierhin gefolgt sind und genau verstanden haben, worum es sich hier handelt, können Sie den Gedanken selbst zu Ende denken, Sie fühlen es tief innerlich, daß hier ein ganz entscheidender Unterschied angesprochen wird, der im Alltag so leicht untergeht. Ich selbst, mein Seelisches, mein Wesen ist der Kern, von dort aus geht alles aus. Und es ist weder Egoismus noch Egozentrik, von dort auszugehen.

Man will uns leider oft daran hindern, dieses Wesen, dieses Zentrum gebührend zu beachten. Es wird abgewertet, als wäre es geradezu etwas Sozialfeindliches, sich auf sich selbst zu besinnen. Ich behaupte: Es ist ein Verbrechen, uns davon abzulenken und uns davon wegzumanipulieren. Es ist ein unsozialer Vorgang, das Wesen und den seelischen Kern eines Menschen nicht zu respektieren, ihn als ein Werkzeug zu betrachten und zu manipulieren. Es ist ein Verbrechen, einen Menschen seelisch-geistig zu »entselbsten« und ihm Regeln nahezubringen, wie er werden soll, ihn daran zu hindern, sich so zu entwickeln und zu entfalten, wie er ist. Es ist eine Aggressivität des Denkens, andere Menschen nach einem Bild manipulieren zu wollen.

Aber der Mensch ist leider so anfällig gegenüber Manipulation dieser Art. Er ist ja so schnell bereit, ein Fremdbild zu übernehmen und ihm nachzueifern. Er macht das vermittelte Fremdbild sogar zu seinem Selbstbild. Er manipuliert sich im Sinne dieses Selbstbildes, er will so sein, wie er es bewundert, so zu sein, wie es sich scheinbar lohnt, so zu sein, wie es vielleicht erfolgreich wäre, so zu sein. Er entfremdet sich von sich selbst. Wer bin ich? Bin ich der, der ich bin, oder bin ich der, der ich zu sein wünsche? Bin ich etwas Eigenständiges, oder bin ich ein Werkzeug? Wessen Werkzeug?

»Wie finde ich zu mir selbst?«

Ein Gespräch

Bei jeder auftauchenden Lebenskrise stellt sich nicht nur die Frage nach einer Problemlösung, sondern es stellen sich auch die Fragen: »Wer bin ich?« und: »Worin besteht der Sinn meines Daseins?« Solche Lebenskrisen entstehen beispielsweise in Phasen der Arbeitslosigkeit, der Trennung von einem Partner, in Phasen des Liebeskummers, beim Tod eines geliebten Menschen und bei Krankheit. Die beiden Fragen stellen sich aber auch in besonders gefühlsintensiven Phasen des Erlebens – während einer leidenschaftlichen Verliebtheit, nach einer herrlichen Abfahrt auf Skiern im Gebirge, nach einer stundenlangen Wanderung durch einen Herbstwald. Während eines Spaziergangs am Waldrand entlang, an einem sonnenklaren Nachmittag im Mai, wollte ein Bekannter mehr über sich selbst erfahren und einige Fragen mit mir besprechen.

»Ich fühle mich nicht seelisch krank, es besteht also kein Grund, deine Praxis aufzusuchen, dennoch habe ich einige Probleme und Konflikte, die ich bisher nicht lösen konnte. Ich finde viele Antworten, aber keine Antwort befriedigt mich. Vielleicht kannst du mir mehr Klarheit verschaffen aufgrund deiner Berufserfahrung. Ich bin bisher immer recht gut durch mein Leben gekommen. Beruflich bin ich aufgestiegen, aber ich funktioniere nur gut, erfüllt bin ich davon nicht. Ich habe schon mehrere Partnerschaften hinter mir, doch zu einer Ehe konnte ich mich bisher noch nicht entschließen, obwohl ich mit vierunddreißig Jahren eigentlich längst schon hätte verheiratet sein sollen. Meine Eltern meinen, ich sollte heiraten, damit mein Leben eine Ordnung hätte, dann würden meine Unruhe und Unzufriedenheit automatisch aufhören. Meine Freundinnen meinen, ich müßte doch in meinem Alter endlich wissen, was ich will. Beruflich weiß ich durchaus, was ich will, dort kann ich richtige Entscheidungen treffen, aber privat weiß ich es nicht. Ich erwarte von dir jetzt keine Patentlösung, ich weiß, du kannst mir auch nicht sagen, was ich wollen soll, aber vielleicht können wir in diesem Gespräch mehr Klarheit in mein verworrenes Denken hineinbringen.«

»Du bist auf der richtigen Spur, wenn du erkennst, daß dein Denken teilweise verworren ist. Im Berufsalltag erfüllt dein Denken seine Funktion, und du sagst selbst, daß du dann gut funktionierst. Im Beruf erfüllst du deine Aufgaben aufgrund deiner Ausbildung und mit Einsatz deiner Kenntnisse und deiner ausgebildeten Intelligenz. Auch für das Privatleben hält die Gesellschaft ganz klare Richtlinien bereit, die Ordnung schaffen sollen. Deine Eltern zum Beispiel beeinflussen dich in diese Richtung, wenn sie dir eine Eheschließung empfehlen. Der sozialen Ordnung wäre rein äußerlich sicherlich Genüge getan, es wäre jedoch ein Trugschluß, anzunehmen, daß damit auch innerlich in deiner Seele und deinem Denken automatisch Ordnung entstehen würde.«

»Meine Eltern meinen, dieser äußeren Ordnung würde die innere Ordnung sozusagen folgen. Dadurch wäre ich festgelegt oder in einen Rahmen gespannt, es wäre ein Anpassungssystem vorgegeben, und ich wüßte dann, wofür ich arbeite und lebe.«

»Man kann den Prozeß der Selbstfindung als einen Vorgang auffassen, der ein Hineinfinden in vorgegebene Formen ist. Die Gefäße sind vorgegeben, man muß nur noch hineinfließen und die einzelnen Gefäße ausfüllen. Dann ist der Ordnung der Gefäße Genüge getan, und das wird dann als Sinn des Lebens bezeichnet. Viele solche Gefäße stehen auf dem Regal bereit – du kannst sie dir aussuchen und sie ausfüllen. Es gibt das Gefäß der Mann-Frau-Beziehung, das Gefäß der Religion mit seinen Verheißungen, es gibt das Gefäß der politischen Weltanschauung, das des Parteiprogramms, es gibt das Freizeitgefäß des Sportvereins und das des Gebildeten und Kulturinteressierten. Überall, wo du hinkommst, steht ein Gefäß für dich bereit, in das du dich hineinfließen lassen kannst – das nennt man Ordnung. Du kannst also auf jedem dieser Gebiete ein Perfektionist werden.«

»Dieses Bild mit den einzelnen Gefäßen zeigt mir, daß Ordnung möglich wird, wenn man sich an die Ordnungssysteme anpaßt. Was geschieht, wenn ich kein Gefäß akzeptiere? Jetzt einmal weg von dieser Vorstellung: Wenn ich die Gefäße alle ablehne und nirgendwo hineinfließen will, wo stehe ich dann? Bin ich dann ein Fähnchen im Wind, bin ich dann völlig meinungslos, richtungslos, ein Niemand, ein Außenseiter, ein Chaot?«

»Wenn du die vorgegebenen Gefäße ablehnst, wenn du diese Ordnungsstruktur nicht übernimmst, bist du nicht zwangsläufig ein Chaot. Zunächst einmal bist du frei von allen vorgegebenen Ordnungen. Frei sein heißt nicht automatisch, ein Außenseiter zu sein. Frei sein heißt auch nicht, richtungslos zu sein, auch nicht ein Fähnchen im Wind zu sein. Ein vorgegebenes Gefäß gibt dir Stabilität. Es existiert aber davon unabhängig eine andere Stabilität, die du nicht außen vorfindest, sondern in dir selbst. Wenn du alle Gefäße ablehnst, stehst du vor der Frage, wer du selbst bist. Wenn alles Äußere auf dich keinen Anpassungsreiz ausübt, dann bist du bei dir selbst angekommen. Es gibt keine totale Freiheit, es gibt nur die Freiheit, die du selbst bist. Diese Selbstherausfindung, dieses In-sich-selbst-Hineingehen ist keine totale Freiheit, denn du selbst bist geprägt von deinen Erfahrungen, von allen Verhaltensnormen, die in dich hineingegeben wurden. Du selbst also bist auch ein Gefäß. Jeder andere Mensch ist auch ein Gefäß.

Jetzt wird es kompliziert: Du selbst bist ein Gefäß mit vielen Inhalten.

Wenn du nicht in vorgegebene Muster hineingeflossen bist und dich selbst so definieren kannst, dann schaust du in dein eigenes Gefäß, das du bist. Du schaust auf deine Vergangenheit, auf deine Erfahrungen, auf dein Wissen von dir selbst und von anderen. Aber bist das du wirklich selbst, was du da siehst? Bist du die Vergangenheit? Auch das bist du nicht. Willst du geprägt sein von der Vergangenheit?«

»Lebenserfahrung gilt als sehr wichtig. Man ist stolz auf die Erfahrungen, die man gemacht hat. Man sollte daraus lernen und sich daran orientieren. Ist das die Ordnung, die aus mir selbst kommt?«

»Es gibt eine Ordnung, die aus dir selbst kommt. Diese Ordnung ist anders als das, was wir als Ordnung kennen. An dieser Stelle beginnt der Sinn des Lebens. Wir gehen jetzt ganz zu dir und sind damit auch ganz bei mir. An diesem Punkt hört ein Unterschied zwischen dir und mir auf. Jetzt sind wir gleich. In dieser tiefen seelischen Nacktheit sind wir im Zentrum eins. Es wird jetzt sehr schwierig, mit Worten (die immer Distanz durch das Denken erzeugen) von dieser Freiheit des Selbst zu reden.

Du selbst bist das Zentrum, du selbst speicherst Erfahrungen, du selbst ziehst deine Schlußfolgerungen daraus. Derselbe Vorgang geschieht auch in mir. Wenn du wirklich bei dir selbst bist – das ist Selbstfindung –, fallen alle äußeren Ordnungssysteme in sich zusammen, und es herrscht dennoch kein Chaos, du bist dennoch kein Außenseiter, du bist, um beim Wort zu bleiben, ein Innenseiter. Du fühlst und handelst als Innenseiter aus dir selbst heraus, du bist bei dir, und ich bin bei mir. Wir beide sind dann zentriert und gerade in diesem authentischen Moment dazu in der Lage, uns gegenseitig wirklich zu begegnen.

Liebe ist nur möglich, wenn zwei Zentren sich in dieser Tiefe begegnen. Du kannst zwar ein Gefäß sein, das einem anderen Gefäß begegnet, und du hältst dann das Ineinanderfließen der gleichen Inhalte möglicherweise für Liebe. Konsens der Meinungen (Inhalte) aber ist keine Liebe. Liebe ereignet sich, wenn ein Zentrum sich dem anderen Zentrum nähert. Ich spreche jetzt nicht von sexueller Erregung. Das Sexuelle ist nur ein Trick der Natur zwischen Mann und Frau. Ich spreche jetzt von einer Liebe, die davon unabhängig möglich wird, wenn zwei freie Wesen sich in Freiheit begegnen. Diese Freiheit schließt Selbstgefundenheit ein. Wenn du ganz bei dir bist – das klingt paradox –, erst dann kannst du ganz beim anderen sein, denn dann bist wirklich du es, der beim anderen ist, du bist es selbst, kein vom Denken geprägtes Selbstbild ist beim anderen, und wenn du es wirklich selbst bist, dann begegnen sich zwei Menschen und nicht zwei Bilder, dann wird diese Begegnung wahr und tief, und wenn Liebesgefühle daraus entstehen, sind sie wahr und echt.

Nicht das, was oberflächlich für Liebe gehalten wird, wird dann programmatisch reproduziert, sondern wirkliche Liebe wird dann gelebt. Wenn du dich selbst lebst, erst dann ist alles in Ordnung. Du fühlst dann eine Ordnung, die unabhängig ist von gesellschaftlich vermittelter Ordnung, unabhängig von Eheregeln, Religion und Verhaltensnormen. Diese Ordnung, von der ich jetzt spreche, kommt aus dem Selbst, diese Ordnung entfernt dich nicht, sondern sie bringt dich den Menschen näher, aber nicht einem sozialen Vorstellungsbild, sondern der Wirklichkeit des anderen. Dein Zentrum nähert sich dem Zentrum des anderen, und alle diese Bilder, die dir vermittelt wurden, fallen in sich zusammen. Es begegnen sich dann keine zwei Bilder, sondern zwei Zentren. Das ist der Sinn deines Lebens und meines Lebens. Die Zentren sind von Bedeutung, nicht die Fassaden, so schön aufgeputzt sie auch sein mögen. Selbstfindung ist der Anfang, damit alles andere wahr und echt wird.

Wie einfach ist der Schmetterling an dieser Blüte. Er denkt nicht, er ist. Sein Denken ist primitiv, er steht im Vergleich zur Denkfähigkeit des Menschen auf einer sehr niedrigen Stufe. Die Blüte denkt sich nichts dabei, sie ist, was sie ist. Die Aufgabe der Selbstfindung bleibt ihr erspart. Wir Menschen aber, mit diesem ausgeprägten Werkzeug des Denkens, müssen uns wieder davon lösen, denn das Denken will *machen*, das Fühlen kann nur *sein*. Wenn aber das Denken das Fühlen machen will, und das geschieht täglich bei vielen Menschen, verdunkelt sich das Sein.«

Zweites Kapitel

Prägungen, die uns behindern und blockieren

»Jener, der sich in seiner Leidenschaft verliert,
hat weniger verloren als der,
der seine Leidenschaft verliert.«

AUGUSTINUS

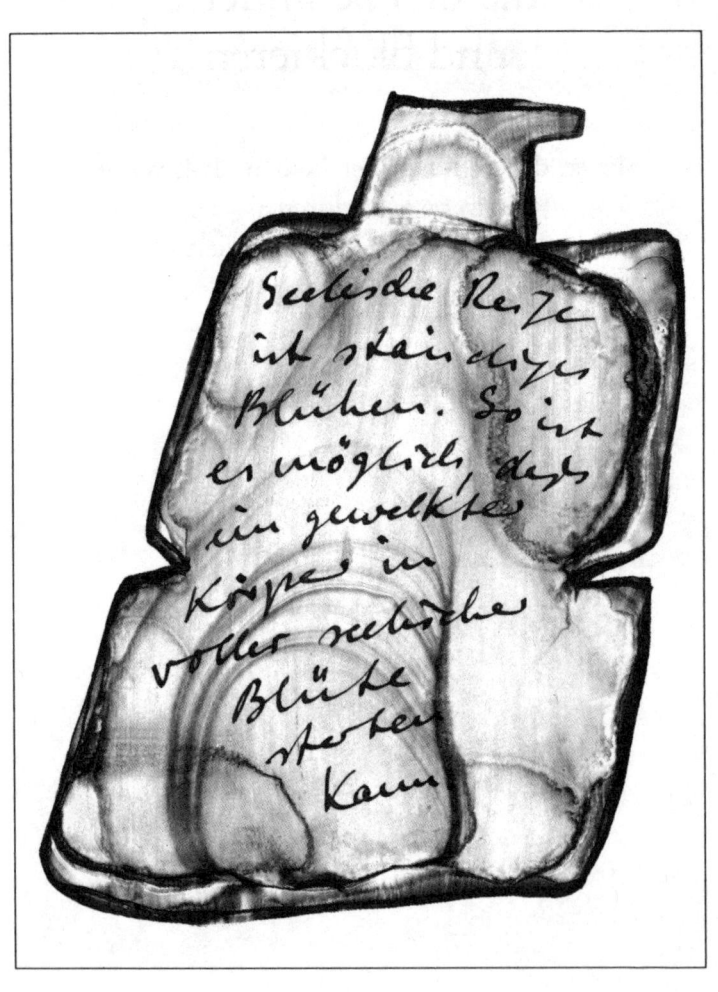

Bei der Geburt ist der Mensch, von seinen Erbanlagen abgesehen, ein geistig-seelisch sehr plastisches Wesen, ist das lernfähigste Lebewesen auf dieser Erde, weniger eingebunden in ein starres Instinktprogramm als die Tiere. Die enorme Plastizität und Lernfähigkeit ist seine große Chance, aber auch seine Tragik. Der Mensch ist überaus lernbegierig, er will Erfahrungen sammeln und Wissen speichern. Er muß Wissen speichern und lernen, damit er in die komplizierte, hochtechnisierte Gesellschaft hineinwachsen kann, um später dort bestehen zu können. Das alles ist selbstverständlich und soll nicht in Frage gestellt werden. Um Auto zu fahren, muß man zunächst einmal die Verkehrsregeln beherrschen, und um eine Brücke zu bauen, muß man technische Voraussetzungen kennen und statisches Wissen besitzen, sich mit Mathematik und physikalischen Gesetzen beschäftigt haben.

Wenn wir jedoch diesen Bereich der Kenntnisse, des Wissens und der Fertigkeiten verlassen und den Menschen als seelisches Wesen betrachten, sehen wir, daß er hier genauso lernend vorgehen will. Im seelischen Bereich wird er allerdings nicht fachgerecht unterrichtet – auf unseren Grund-, Haupt- und Realschulen gibt es kein Pflichtfach Psychologie –, und so ist er in seiner seelischen Entwicklung sich selbst überlassen. Dennoch ist der Mensch auf seelischem Gebiet sehr lernbegierig und bereit, Theorien, Erfahrungen anderer, Lehrmeinungen und Lebensmaximen zu übernehmen. Er möchte wissen, was ist richtig und falsch, was ist gut und böse, was ist Moral, was Schönheit und Liebe, wie wird man glücklich, wie erlangt man Zufriedenheit und schöpferische Kraft, wie lebt man erfüllt, und was behindert mich, ein gutes und richtiges Leben zu leben. Das sind die Fragen nach dem Sinn des eigenen Daseins und nach einer seelischen Selbstverwirklichung. Mit all diesen Fragen wird der Mensch, wie gesagt, letztlich alleingelassen. Er kann sich zwar einer Religion zuwenden und seine Fragen dem Theologen stellen, aber er erhält dann vorgefertigte Antworten, die sich auf ein Glaubensdogma beziehen. Er kann das für sich übernehmen, aber auch unzufrieden sein und weiterfragen.

Wir werden in den Schulen und Universitäten für das Berufsleben ausgebildet. Aber wo werden wir für das Privatleben, für unser ureigenstes Sein, ausgebildet? Es existiert zwar an den Hochschulen das Fachgebiet Psychologie, aber das ist ein Studienfach für eine Berufsausbildung mit Diplomabschluß und keine Lebensschule.

Im Krisen- und Konfliktfall können wir zwar die Praxis eines Psychologen oder Psychotherapeuten aufsuchen. Bei allgemeinen Lebensberatungen dieser Art übernehmen die Krankenkassen jedoch nicht die Kosten. Ein Stundenhonorar für eine Einzelberatung zwischen 100 und 300 Mark ist nicht für jedermann erschwinglich.

Guter Rat wird dann sehr teuer. Wenn wir am Leben erkranken und somatische Symptome entwickeln, sind die Krankenkassen bereit, die Kosten eines ärztlichen Psychotherapeuten oder Nervenarztes zu übernehmen, der unsere seelischen Probleme dann nicht selten mit Psychopharmaka, also mit abhängig machender Chemie (die meist organische Nebenwirkungen hervorrufen), behandelt. Neben unseren quälenden Lebensproblemen, die nur vorübergehend betäubt werden (eben so lange, wie die Wirkung der Droge anhält), rutschen wir dann in neue Probleme hinein, die durch unangenehme Nebenwirkungen noch verstärkt werden: Schlafstörungen, Mattigkeit, Magenempfindlichkeit, das Gefühl der Passivität, das der Energielosigkeit. Wir helfen uns durch eine weitere Droge, die uns aktiviert, und brauchen dann wieder eine Droge, die uns zur Ruhe kommen läßt, dann wieder ein Medikament, das uns wach und klar macht, eine weitere Droge, die uns nachts einschlafen läßt. Wer einmal in diesem Teufelskreis war, wer es selbst erlebt hat, fühlt sich danach beschämt und selbstunsicher, und er vermag meist nicht offen darüber zu reden.

Aus vielen Leserbriefen, die ich natürlich vertraulich behandle, weiß ich um dieses Elend, in das Menschen rutschen können, die verzweifelt danach suchen, ihr seelisches Leben (das private Leben) zu meistern. Ich möchte mich an dieser Stelle nicht weiter in diesem Thema der »Psychopharmaka-Therapie« verlieren, denn darauf bin ich in meinen früheren Büchern ausführlich genug eingegangen.

Wir stehen alleine da mit unseren Fragen, Problemen und Konflikten. Um unser Privatleben, unser Glück, die Selbstentfaltung und den Sinn unseres Lebens müssen wir uns selbst kümmern. Die Gesellschaft bietet perfekte Ausbildungsmöglichkeiten für unsere Funktion im Berufsleben an, aber sie läßt es zu, daß wir von unqualifizierten Erziehern seelisch konditioniert werden. Man kann darüber heftig diskutieren, ob die Psyche ein Erziehungs-Freiraum sein soll oder ob die Gemeinschaft sich hier vor einer Verantwortung drückt. Wenn der Staat die Ausbildung der Persönlichkeit übernimmt, zum Beispiel in Diktaturen, auf entsprechenden Erziehungsanstalten, die einen Persönlichkeitstyp heranziehen, der den Zielen des Systems bedingungslos folgt, dann ist informelle Entwicklungsfreiheit natürlich auf jeden Fall das kleinere Übel.

Unabhängig davon, daß »Persönlichkeitsbildung« natürlich schrecklich mißbraucht werden kann, bin ich dennoch der Auffassung, daß die Entfaltung des Seelischen nicht nur den Eltern überlassen sein soll – daß also aus Angst davor, etwas falsch zu machen, nun gar nichts mehr gemacht wird.

So fühlen sich alle zuständig, den Menschen zu manipulieren, für die eigenen Zwecke einzuspannen, doch niemand fühlt sich mehr zuständig, dem einzelnen dabei zu helfen, sich selbst zu finden, sein Wesen zu erkennen, sein Seelenleben zu erfassen. Jeder einzelne muß sich früher oder später damit auseinandersetzen. Er steht allein mit seinen Fragen, letztlich auch allein mit seiner

Entscheidung, und das ist gut so. Aber wir sollten ihm wenigstens dabei helfen, seine Gefühle verbalisieren zu können, und wir sollten uns nicht scheuen, ihm Möglichkeiten zu zeigen, wie er aus Blockierungen des Denkens, aus krankmachenden Denkprogrammierungen, wieder in das Licht der Freiheit gelangen kann.

Welchen Sinn haben Krisen und Konflikte?

Seelische Probleme und Konflikte bleiben uns nicht erspart. Wir werden täglich damit konfrontiert – so fühlen wir mitunter Angst in uns, mit neuen Schwierigkeiten fertig werden zu müssen, so lieben wir einen Menschen und haben Angst davor, von ihm verlassen zu werden. Wir reagieren deshalb eifersüchtig, die Eifersucht quält uns, wir spüren, daß sie uns in unserer Liebe behindert – und dennoch kommen wir nicht davon los. Wir fühlen Aggressionen in uns, wollen aber andererseits friedfertig sein, ein harmonischeres Leben führen – aber wir kommen von den aggressiven Impulsen nicht los. Wir wollen nicht aggressiv reagieren – und verletzen dennoch die anderen durch Ironie, Zynismus, Rechthaberei oder Wutausbrüche. Wir wollen unsere Konflikte gewaltfrei lösen – und dennoch sind wir täglich gewalttätig, meist nicht offen, sondern sehr verdeckt, getarnt und listig. Wir wollen wahrhaftig leben – und dennoch entdecken wir, wenn wir uns einmal schonungslos selbst beobachten, wie wir andere belügen und sogar uns selbst belügen. Wir versuchen, realistisch zu sein – und dennoch verstricken wir uns immer wieder in Illusionen.

Das alles erleben wir täglich. Es bedarf keiner großen Lebenskrise, um darauf aufmerksam zu werden, wir könnten das täglich beobachten, wenn wir es wollten.

Wir befinden uns ständig in dem Spannungsfeld solcher Konflikte. Die Spannung ist allgegenwärtig und führt zur inneren Angespanntheit, zu fehlendem Wohlbefinden, zu Einschlafstörungen, zu Kopf- und Nackenschmerzen, zu dem Gefühl der Unsicherheit, zu Unausgeglichenheit, zu Störungen der Kontaktoffenheit, zu Magenbeschwerden und zu allerlei Unpäßlichkeiten, die zu der vielfältigen Palette psychosomatischer Symptome gehören.

Der Alltag streßt uns, weil wir ihm nicht offen und frei begegnen können, weil ständig unbearbeitetes Inneres (Geistiges und Seelisches) auf Äußeres trifft – und solche Probleme sind allgegenwärtig in uns selbst und auch in den Menschen um uns herum. Diese ständigen Konflikte und Spannungen weisen uns in jedem Augenblick darauf hin, daß etwas nicht in Ordnung ist. Aber was ist nicht in Ordnung? Ist es der Konflikt, der nicht sein sollte, oder sind wir es selbst, die den Konflikt schüren? Bin ich selbst nicht in Ordnung, oder sind es die anderen? Bin ich das Opfer der anderen, oder bin ich das Opfer meiner eigenen inneren Unordnung? Ist es das Schicksal, das mir zu Leibe rückt und in die Seele fährt, bin ich ihm hilflos ausgeliefert? Hilft mir das Klagen und Weinen über meine Probleme, die mir zugemutet werden? Kann ich mich davon selbst lösen, durch eine andere Einstellung, oder soll ich mich durch ausgedrücktes Klagen davon befreien? Wo stehe ich als einzelner in diesem Spannungsfeld? Kann ich mein Leben wirklich aus mir selbst heraus gestalten, oder ist das eine Illusion, weil ich Glück oder Unglück einfach hinzunehmen habe? Soll ich klaglos annehmen, oder soll ich mich ausweinen bei anderen? Wer kann mir helfen? Muß ich mir selbst helfen, oder soll ich andere um Rat fragen?

Solche und ähnliche Fragen kennt jeder von uns. Es gibt keinen Menschen – es sei denn, er wäre nur auf der Flucht vor sich selbst –, der sich diese Fragen irgendwann in seinem Leben nicht ganz bewußt (oder auch nur verschwommen) schon gestellt hätte. Mit diesen Fragen sind wir stets konfrontiert, auch wenn wir sie verbal nicht so deutlich formulieren. Deutlich werden sie meist leider nur in den großen seelischen Krisen, wenn uns beispielsweise ein Mensch verläßt, den wir lieben oder glauben zu lieben, wenn er sich von uns trennt, um sich einem anderen zuzuwenden, den er liebt oder glaubt zu lieben. Eine solche Krise weckt uns auf. Plötzlich sind wir hellwach und stellen alle diese (oder ähnliche) Fragen.

Brauchen wir erst eine solche uns erschütternde Krise, um uns zu finden? Muß das Problem erst so groß, schmerzlich und gewaltig anwachsen, bevor wir uns diese Fragen stellen? Leider scheint es bei den meisten Menschen so zu sein, daß sie erst sehr erschüttert werden müssen, bevor sie aus ihrer Lethargie erwachen.

Ich halte es für falsch, die Krise und die Krankheit zu loben. Muß erst die Krise und die Erkrankung da sein, um mit der Tiefe unseres Selbst konfrontiert zu werden? Warum haben wir bis zu diesem Moment ein verschlafenes Leben gelebt? Warum soll uns erst die Krise aus unserer Stumpfheit und Lethargie herausreißen? Müssen wir erst in eine tiefe, schmerzliche Depression stürzen, bevor wir den Wert eines Menschen, einer Liebe und den unserer Zuneigungen erkennen?

Ich behaupte, wir können unser Leben leben, ohne daß es erst einer Krise bedarf, die uns mit großen Schmerzen auf unser Selbst, das Seelenleben und den Sinn unseres Lebens verweist. Ich behaupte, ein konfliktfreies Leben von Augenblick zu Augenblick ist möglich. Das ist ein Leben in voller Lebendigkeit und Wachheit, denn ein solches Leben ist frei und voller Liebe, und es entsteht dann niemals das Gefühl, Opfer zu sein. Es verflüchtigen sich dann Eifersucht, Aggressionen, Gewalt, Angst oder Unsicherheit. In einem solchen Leben besteht innere Ordnung – keine Ordnung eines Denksystems, sondern die Ordnung des Lebendigen und der Freiheit. Diese Freiheit hat nichts, überhaupt nichts mit Chaos zu tun. In dieser Freiheit entsteht die geistig-seelische Gesundheit im Sinne von Heilheit. Im Heilsein verschwinden alle Konflikte und Störungen. Diese innere Ordnung kann das Denken nicht verordnen.

Seelischer Reifeprozeß

Unser Körper reift ziemlich problemlos, sozusagen automatisch. Die einzelnen Entwicklungsphasen vom Kleinkind bis zur Pubertät werden als körperliches Wachstum durchlaufen. Dieses Wachstum und das spätere Altern ist einprogrammiert, und der heranwachsende, sich ausgestaltende und alternde Mensch erfüllt ein biologisches Programm.

Ziemlich unabhängig beobachten wir neben der körperlichen Ausgestaltung auch einen seelischen Wachstums- und Reifeprozeß. Dieser Vorgang ist nicht in gleichem Maße biologisch einprogrammiert wie der körperliche Prozeß. Beim Altern wiederum gibt es einen ganz entscheidenden Unterschied: Während die fortschreitende Alterung des Körpers niemals aufgehoben werden kann (sie kann durch entsprechende Ernährung, Bewegung und Erholungstechniken nur verlangsamt werden), ist seelische Reife nicht an das Körperalter gebunden – der Körper mag altern, aber die seelische Verfassung kann trotzdem jünger werden.

Ein Mensch mit sechzig kann seelisch jung sein, wogegen ein körperlich junger Mensch mit fünfundzwanzig seelisch sehr alt sein kann. Bei dieser Betrachtung lasse ich unberücksichtigt, daß das Gehirn im Alter Störungen unterworfen sein kann, die den alternden Menschen kindisch oder schwachsinnig machen. Solche Störungen sind auf Erkrankungen zurückzuführen, auf Stoffwechselstörungen und Verkalkungen der Gefäße. Von diesen Erkrankungen also abgesehen, die das Gehirn angreifen können und die gesamte Persönlichkeit verändern, möchte ich das Seelenleben eines gesunden alten Menschen nicht aus den Augen verlieren. Wenn der Mensch von solchen Erkrankungen verschont bleibt, kann er bis ins hohe Alter hellwach, kreativ und seelisch-geistig jung sein.

Es kann eine junge Seele eines Achtzigjährigen auf dem Totenbett liegen, dennoch kümmert sich der Tod natürlich nicht darum, wenn das Herz-Kreislauf-System versagt oder eine Lungenentzündung das Organsystem schwächt. Wenn also ein Achtzigjähriger seelisch jung sein kann – ich denke etwa an den Maler Pablo Picasso oder an den Psychotherapeuten Erich Fromm –, wie muß dann seelische Reife definiert werden? Körperliche Reife kann an objektiven Daten festgemacht werden, wie Geschlechtsreife, Leistungsfähigkeit der Muskeln und der Organe – körperliche Leistungsfähigkeit kann quantifiziert werden.

Mit der seelischen Reife ist das anders; sie ist nirgendwo definiert, es gibt keinen Maßstab dafür. Es existiert keine wissenschaftliche Fachliteratur, die seelische Reife klassifizieren würde. Wir haben dafür nur sehr grobe Begriffe, wie »kindisch« für unreif und »weise« für reif, wobei sich hier geistige und seelische Reife vermischen. Ein kindischer Mensch macht vielleicht viel Unsinn, er gibt sich albern, läßt sich nicht in ein System einordnen, und ein weiser Mensch ist heiter-ernst, er äußert kluge Gedanken zu den Problemen des Alltags. Wo liegt zwischen kindisch, kindlich, jugendlich, begeisterungsfähig, enthusiastisch, ernst, besonnen, gelassen und weise die seelische Reife?

Großer Ernst, Humorlosigkeit, Festigkeit bis Starrheit der Lebensanschauungen kann alt wirken, muß also nicht weise sein. Spielerisches Verhalten, Offenheit und Lockerheit kann jung sein, aber auch gleichzeitig sehr weise. Ein junger Mensch kann seelisch weise sein, ein alter Mensch kann uns weise erscheinen, aber er kommt uns dennoch seelisch nicht reif vor. Ein Kind kann weise sein, diese Weisheit hat ihre eigene Schönheit, und ein alter Mensch kann weise sein – mit einer ganz anderen Qualität von Schönheit. Liegt in der Weisheit die seelische Reife? Liegt im seelischen Jungsein die Reife? Ist der seelisch junge Achtzigjährige ein Weiser, oder ist der ernste, besonnene Dreißigjährige schon weise? Der junge Atomwissenschaftler, der mit vierunddreißig den Nobelpreis für Physik erhält, ist geistig-intellektuell sehr weit vorangeschritten – er wird vielleicht sogar als Genie bezeichnet –, dennoch kann er auf seelischem Gebiet sehr unreif und unweise sein. Körperentwicklung, Intelligenzentwicklung und seelische Entwicklung können also weit auseinanderklaffen. Was ist also seelische Reife? Wie kann sie an anderen erkannt werden, und wie kann ich sie an mir selbst feststellen?

Ist seelische Reife etwas, das mit dem körperlichen

Alter wächst, oder ist sie davon unabhängig? Ich behaupte, sie ist vom Körper und vom Intellekt unabhängig. Der Körper durchläuft automatisch sein biologisches Programm in Richtung Alterung. Der Intellekt ist unabhängig vom biologischen Alter, er entwickelt sich allein durch Training, vergleichbar mit der Muskulatur, die sich durch Training kräftigt und sich durch fehlendes Training schwächt.

Die seelische Reife ist unabhängig vom Körper und Intellekt, sie kann nicht trainiert werden. Sie ist auch unabhängig von Alterungsprozessen. Seelische Reife ist altersfrei; sie besitzt das sechsjährige Kind, das am Ufer entlangwatet und die Silberfische beobachtet, genauso wie der Achtzigjährige, der seinen letzten Spaziergang in der Neujahrsnacht durch die verschneite Landschaft macht und auf diesem Weg tot zusammenbricht. Seelische Reife ist in jedem Lebensalter möglich; sie ist keine Weisheit des Intellekts, obwohl sie sich mit ihm verbinden kann. Wenn sich seelische Reife mit einem ausgebildeten Intellekt verbindet, kann durch Kreativität und Lebensenergie ein kreatives Potential entstehen, das von enormer Bedeutung für die Menschen sein kann. Ein großer Dichter und Philosoph geht dann am Waldrand vorbei, oder er sitzt am Flußufer und schaut in die Wellen. Dieser große Philosoph und Weise sagt: »Keiner steigt jemals in denselben Fluß.« Seelische Reife und Intellekt vereinigen sich dann zu einer philosophischen Weisheit. Aber auch das allein ist keine seelische Reife.

Der Sinn des Lebens besteht darin, seelisch zu reifen.

Ein Zusammengehen mit intellektuell-verbaler Reife muß nicht damit verbunden sein. Das Gefühlte ist genauso wertvoll und wichtig wie das Ausgesprochene. Das unausgesprochene Dasein im Augenblick der jeweiligen Realität, das junge Erfassen des ewig Jungen des Lebens selbst, dieses Hineingehen in die Freiheit ist seelische Reife. Es gibt im Seelischen keine biologische Entwicklung, es gibt nur authentisches Dasein, das sich selbst genügt. Die Verbalisierung ist nur intellektueller Überbau, der nicht notwendig ist.

Seelische Reife ist deshalb nicht gebunden an ein Lebensalter, sie ist alterslos; sie ist die Frische, die niemals welkt oder stirbt. Seelische Reife ist ständiges Blühen. So ist es möglich, daß ein gewelkter Körper in voller seelischer Blüte sterben kann.

»Ist wie ein Tanz von Kraft um eine Mitte«

Interpretation eines Gedichts von Rainer Maria Rilke

Der Panther*

Sein Blick ist vom Vorübergehn der Stäbe
so müd geworden, daß er nichts mehr hält.
Ihm ist, als ob es tausend Stäbe gäbe
und hinter tausend Stäben keine Welt.

Der weiche Gang geschmeidig starker Schritte,
der sich im allerkleinsten Kreise dreht,
ist wie ein Tanz von Kraft um eine Mitte,
in der betäubt ein großer Wille steht.

Nur manchmal schiebt der Vorhang der Pupille
sich lautlos auf –. Dann geht ein Bild hinein,
geht durch der Glieder angespannte Stille –
und hört im Herzen auf zu sein.

Dieses sprachlich so wunderschöne Gedicht mit schmerzlich traurig stimmendem Inhalt von Rainer Maria Rilke
(1875–1926) begegnete mir erstmals 1959 auf dem Gymnasium im Deutschunterricht. Als ich es vor wenigen
Wochen wieder las, wurde mir seine auf die menschliche

* erstmals veröffentlicht 1903

69

Seele übertragbare Symbolik deutlich. Ich möchte das Gedicht deshalb psychologisch interpretieren.

Ich löse mich dabei von dem schwarzen Panther, der in einem Käfig zur Schau gestellt wird. Ich sehe in ihm den Menschen verkörpert in seiner seelisch-geistigen Verfassung, die von Normvorstellungen, Einstellungen und Vorurteilen geprägt ist. Die geistige Struktur (Prägung) vieler Menschen ist vergleichbar mit einem Käfig, in dem sich das Denken kreisend bewegt. Denkhaltungen und Meinungsmuster mischen sich wie begrenzende Gitterstäbe immer wieder ein, sie sind die Käfigstangen um eine freie Seele, die sich nicht entfalten kann.

Des Menschen Blick ist vom Vorübergehen an diesen Stäben des Denkens so müde geworden, daß er nichts mehr festhalten kann. Jedes Ereignis, das außerhalb geschieht, wird zwar registriert, aber die Denkstäbe schieben sich sofort vor diese lebendige Wirklichkeit. Ein Mann begegnet einer Frau, sie gefällt ihm, er richtet seinen Blick auf sie, aber sofort kommen die Denkstäbe mit ihren Bedenken: »Sie ist oberflächlich, sie paßt nicht in mein Lebensumfeld, sie weiß dieses nicht und kann das nicht.« Das ist nur ein einfaches Beispiel, und ich denke dabei an einen Bekannten, der seit Jahren eine Lebenspartnerin sucht, aber aufgrund solcher Bedenken nicht in der Lage ist, sich frei und vorurteilslos zu verlieben. Ihm ist, als ob es tausend Hindernisse und Risiken gäbe und hinter diesen tausend Stäben keine Möglichkeit ist, sich zu verlieben.

Seelische Lebendigkeit ist trotz alledem, unabhängig

von den Stäben der Denkvorurteile, immer gegenwärtig. Die Seele lebt weiter und sucht nach der Freiheit. Die Seele fließt immer wieder in die Schritte ein, macht sie geschmeidig und stark. Denkstäbe blockieren zwar die freie Entfaltung, aber in unserem Wesenskern bleiben wir unzerstörbares Selbst, auch wenn sich unser Alltag im allerkleinsten Kreise dreht. Jeder fühlt in sich dieses Zentrum seiner Seele, er fühlt es nicht minütlich und stündlich, aber mitunter spürt er: Es »ist wie ein Tanz von Kraft um eine Mitte, in der betäubt ein großer Wille steht«.

Dieser große Wille ist eine Vitalität, die zum Leben und zur Liebe drängt. Nicht bloß eine triebhaft-sexuell gefühlte Liebe zum anderen Geschlecht, sondern eine Liebe zu allem, was uns umgibt. Dieser Wille zum Leben, der unauslöschlich in uns lebt, diese Kraft aus der Mitte, aus dem Selbst aber ist bei den meisten Menschen betäubt. Wir fühlen uns vom täglichen Einerlei, von den Normen der Anpassung, von den Regeln und Vorurteilen abgestumpft. Wir drehen uns im Kreis und führen die Rolle vor, die wir gelernt haben oder nach der wir uns drängen, die wir ausfüllen wollen, wir drehen uns in diesem Kreis, um beispielsweise perfektionistisch etwas zu sein oder zu werden, ein übernommenes Fremdbild zu übernehmen und (oder) ein erdachtes Selbstbild zu erfüllen.

Der Drang nach Selbstbestimmung ist oft betäubt. Aber in Stunden, in denen wir spüren, daß »Kraft um eine Mitte« in uns lebt, daß wir diesen unzerstörbaren Wesenskern besitzen, kann dieses Gefühl uns plötzlich und unvermittelt überfallen, bei einem Spaziergang, beim Schwimmen, bei einer Begegnung mit einem Menschen, in einer kurzen Zeit der Meditation, bei einem Gespräch, beim Fotografieren einer Blüte, in einem Restaurant im Urlaub auf einer Terrasse am Meer. Dann »schiebt der Vorhang der Pupille sich lautlos auf. Dann geht ein Bild hinein, geht durch der Glieder angespannte Stille.«

Es geht ein Bild hinein – das muß nicht nur etwas Visuelles sein, es kann akustisch sein, kann ein Geruch oder eine Berührung sein. Trotz der Denkstäbe, trotz des Drehens im allerkleinsten Kreis der Vorurteile, trotz des perfektionistischen Strebens, trotz der Eingespanntheit in Ziele und Pläne, trotz unserer Muskelverkrampfungen (der Glieder angespannte Stille) geht über die Sinne ein Bild in unsere Seele hinein, zu diesem Zentrum von Kraft und Mitte, und wir spüren, daß wir hinter der Betäubung, hinter dem Vorhang der Vorurteile und Einstellungen, nach wie vor eine Empfänglichkeit haben, die unsere Seele berühren kann. Ein Fenster öffnet sich, ein Lichtstrahl trifft die Seele, wir sind sensitiv berührt. Und dann? »Und hört im Herzen auf zu sein« schließt Rilke abrupt sein Gedicht vom Panther.

Autorennfahrer sprechen von »Herz haben«, wenn sie den Mut meinen, die Kurve riskanter zu nehmen, um einige Zehntelsekunden an Geschwindigkeit herauszufahren. Es verläßt uns allzuoft leider das Herz – der Mut. Die Kraft der Mitte fühlen, das ist eines, den Mut haben, aus dieser Mitte heraus zu handeln, ist das andere. Der

Sinn des Lebens wird erst erfüllt, wenn Sensitivität und Aktivität sich zu einem Kreis des Lebens schließen. Das geschieht, wenn wir die Denkstäbe der Bedenken herausreißen und wegwerfen.

Kann man von Prägungen
frei werden?

Der Verhaltensforscher Konrad Lorenz hat bei Tieren den angeborenen auslösenden Prägemechanismus erforscht. Er stellte zum Beispiel fest, daß neugeborene Graugänse kein festgelegtes Mutterbild in sich tragen, sondern in einer Prägephase das erstbeste Lebewesen als Mutter annehmen, also auch einen Menschen (in diesem Fall war es der Forscher selbst). Ähnliche angeborene auslösende Mechanismen sind mir beim Menschen nicht bekannt. Der Mensch ist viel plastischer, er kann sich freier an den jeweiligen Gegebenheiten seiner Umwelt orientieren. Er ist jedoch nur bis zu einem gewissen Grad plastisch, und er unterliegt vor allem (wie auch die Tiere) erworbenen auslösenden Prägemechanismen. Die Verhaltensforscher sprechen dann von Konditionierung nach dem Reiz-Reaktions-Modell.

Tritt ein äußerer Reiz (Stimulus) mehrmals auf und erfolgt darauf eine Belohnung oder Strafe, bildet sich eine Reaktion auf den Reiz heraus: Durch Belohnung wird ein bestimmtes Verhalten gefördert, durch Bestrafung wird eine Verhaltensweise gemieden. Die Lerntheorie des Behaviorismus geht davon aus, daß Positives, Angenehmes und Belohntes gesucht wird, wogegen Negatives, Unangenehmes und Bestraftes gemieden wird. Auch Vermeidung eines Verhaltens ist Lernen.

Wir sind ständig Angenehmem und Unangenehmem ausgesetzt. Wir suchen die angenehmen Reize und meiden die unangenehmen. So werden wir konditioniert durch erlebte auslösende Reize (Erfahrungen). Ein als unangenehm erfahrener Reiz kann zu inneren Spannungen führen, zu psychosomatischen Symptomen, wie Herzklopfen, Schweißausbruch, Magenschmerzen, Erbleichen, wogegen ein angenehmer Reiz zur Entspannung führt und zu Symptomen wie Wärmegefühl in den Händen und Füßen, gerötete Wangen aufgrund besserer Durchblutung, Gefühl der Vitalität und Energiesteigerung. Diese Körpervorgänge geschehen nicht durch den Willen, sondern unbewußt, sie lassen sich nur schwer oder gar nicht vom Willen manipulieren. Eine positive Körperreaktion wird dankbar registriert, eine negative Reaktion wird dagegen abgewehrt – es entsteht Angst davor. Zum unangenehmen Reiz kommt dann die innere unangenehme Empfindung dazu, Angst und Abwehrhaltung (Widerstand gegen die erfahrene Reaktion des Körpers), und der Reiz wird so von Mal zu Mal immer unangenehmer – eine Vermeidungshaltung gegenüber diesem auftretenden Reiz wird weiter ausgebaut.

Die Angst vor dem bedrohenden Reiz und der innere Widerstand gegen die Angst führt zu einer unerträglichen inneren Spannung. Die gefühlte Angst ist eine Art Bestrafung, die anschließenden Körpersymptome sind eine weitere Bestrafung. Der so konditionierte Mensch vermeidet in Zukunft bewußt und unbewußt Situationen, in denen dieser Stimulus mit seinen unangenehmen Folgeerscheinungen auftreten könnte. Er ist *geprägt*, er ist nicht mehr plastisch, er kann der Realität nicht mehr offen und frei gegenübertreten. Dieser beschriebene Gesamtvorgang kann auch als »neurotischer Prozeß« bezeichnet werden. Neurosen sind seelisch-geistige Erkrankungen, die der Therapie bedürfen. Ich möchte mich hier nicht auf die Therapiemodelle der vielfältigen neurotischen Symptome einlassen. Die bekannteste, aber nach wie vor umstrittene Methode ist die Psychoanalyse, die von Sigmund Freud begründet wurde. Der Weg in die psychische Störung, in die Neurose, ist recht einfach zu beschreiben, aber an den Therapien scheiden sich die Geister. Die verschiedenen Therapierichtungen grenzen sich ziemlich streng voneinander ab, es herrscht keine Einigkeit, sie bekämpfen sich sogar gegenseitig. Sie könnten sich, wenn sie wollten, vereinigen und gegenseitig unterstützen. Aber die einzelnen Therapeuten sind geprägt von einem Dogma, einer Lehrmeinung; sie sind intellektuell geprägt von bestimmten Denkmodellen, die als richtig oder falsch gelten. Auch auf diesen Therapiestreit will ich mich hier nicht einlassen. Er kann zwar ein interessantes intellektuelles Spiel sein, das aber dem Leser nichts nützt.

Ich möchte in diesem Buch völlig unabhängig von Lehrmeinungen, Therapiedogmen und wissenschaftlichem Streit die Frage stellen: Kann ich selbst, ohne einen Therapeuten, ohne einen sogenannten Fachmann, von meinen Prägungen, meiner Konditionierung auf Reize völlig frei werden? Kann ich mein Leben leben, ohne in einen neurotischen Prozeß hineinzurutschen?

Wir wollen uns nicht mit der Frage beschäftigen, wie ein Neurotiker therapiert werden kann, denn dieses Buch ist nicht für Neurotiker geschrieben, die einen Therapieweg suchen, es ist für Menschen geschrieben, die sich gesund fühlen, aber Störungen oder ein Abrutschen in die Neurose vermeiden wollen. Damit grenze ich Neurotiker nicht aus oder werte sie gar ab. Auch der Neurotiker kann mit den weiteren Gedanken etwas anfangen. Aber die Erwartung an dieses Buch wäre überzogen, wenn der Neurotiker eine spezielle Anleitung zur Therapie seiner persönlichen Neurose erhoffen würde.

Ich stelle nochmals die Frage, über die jeder selbst nachdenken sollte: Kann ich von meinen Prägungen frei werden? Bitte stellen Sie sich *jetzt* diese Frage. Können Sie davon frei werden? Können Sie alle Ihre Prägungen aufgeben und verlassen? Können Sie ganz neu beginnen? Können Sie alle negativen und positiven Erfahrungen aufgeben? Können Sie sich ganz neu und frisch auf den Augenblick einstellen? Können Sie sich verlieben in den Menschen, der gerade in diesem Augenblick in Ihrem Lebenskreis anwesend ist? Können Sie das, weil Sie sich von allen Konditionierungen frei machen? Können Sie alle bisherigen Erfahrungen und Erlebnisse der Vergangenheit aufgeben, sie nicht mehr als bedeutend oder wichtig abspeichern? Können Sie alles Vergangene hinter sich lassen und den Tag oder die Nacht neu beginnen? Können Sie so frisch, unverdorben, ungeprägt und lebensoffen der Nacht oder dem Tag entgegentreten?

Ich sage, es ist möglich. Aber verlassen Sie sich nicht

auf mich als eine Art Fachmann. Stützen Sie sich nicht auf Lauster, weil er sagt, es ist möglich. Sie selbst müssen spüren, daß es möglich ist. Ich behaupte, es ist möglich, aber erforschen Sie selbst, ob es möglich ist.

Ist Ihre Antwort: Ich kann frei sein von allen Konditionierungen und Prägungen, ich bin frei, ich bin völlig aufgeschlossen und plastisch für das, was geschieht, ich begegne der Realität völlig ungeprägt und beobachte das, was geschieht – dann setze ich keinen Widerstand aus meinem Denken entgegen, dann sehe ich die Realität, wie sie ist. Ich fliehe nicht vor dem Negativen und Unangenehmen, und ich kuschele mich nicht ein in das Positive und Angenehme. Mit dieser Haltung der aufgeschlossenen Begegnung kann ich nicht mehr geprägt werden. Es gibt in dieser Gegenwart keine Konditionierung mehr, und jeder neurotische Prozeß hat ein Ende.

»Kann ich trotz innerer Spannungen
frei werden?«

Ein Gespräch

An einem herrlichen Maitag 1988 unterhielt ich mich mit Ralph, einem alten Bekannten, den ich als lockeren, humorvollen, freundlichen und unkomplizierten Menschen aus meiner Tübinger Studentenzeit in Erinnerung hatte. Er begann das Gespräch mit sehr ernstem Gesichtsausdruck . . .

»Ich leide seit einem Jahr unter ständigen Kopfschmerzen. Alle denkbaren medizinischen Untersuchungen habe ich hinter mir. Etwas Organisches wurde nicht gefunden – die Ärzte meinen, es müsse etwas Seelisches dahinterstecken. Aber was ist ›etwas Seelisches‹, was bedeutet das? Es wurde mir im Leben trotz meiner ›lockeren Art‹ nichts geschenkt. Ich mußte mich beruflich hart ins Zeug legen, um das zu erreichen, was ich heute erreicht habe. Ich habe jetzt zwei Ehen hinter mir, bin also zweimal geschieden und sorge für drei Kinder. Ich habe ein Haus gebaut und konnte mir dieses Haus trotz zweier Scheidungen für mich erhalten. Das Leben war stets ein Kampf und ist es auch heute noch. Ich bin niemals zur Ruhe gekommen. Jetzt lebe ich wieder allein, ohne eine Partnerin, und bin mir nicht darüber im klaren, ob ich noch einmal heiraten soll. Aber mit 46 Jahren will man natürlich noch nicht resigniert aufgeben.

Alles fällt mir schwerer als früher, der Beruf ödet mich an, aber er ist natürlich notwendig, und Frauen gegenüber bin ich mißtrauischer als früher, aber ich suche dennoch den Kontakt und brauche auch die sexuelle Entfaltung. Das ist mein gegenwärtiger Zustand – vor allem sind es die Kopfschmerzen, die mich belasten.«

»Deine Kopfschmerzen sind sogenannte Spannungskopfschmerzen. Du bist weder innerlich gelöst noch seelisch-geistig frei, du stehst unter Spannung; du bist verspannt, und aus dieser Verspannung heraus entstehen die Kopfschmerzen.«

»Ich verstehe das nicht, denn ich war eigentlich immer ein sonniger Typ, ich war ein Optimist, ich wollte das Leben immer von der leichten und lockeren Seite her angehen.«

»Du *wolltest* es leicht und locker angehen, schon das erzeugt Spannung. Du wolltest! Ein Wille stand dahinter, und dieser Wille ist eine Einstellung des Denkens. Das Denken erzeugt das Ideal der Lockerheit, der Gelöstheit – und dann kommt die Realität auf dich zu mit all ihren Problemen, Konflikten und Schwierigkeiten; man möchte locker sein, gelöst darauf reagieren, aber es gelingt dann doch nicht. Der Wunsch nach Gelöstheit ist sicherlich das richtige, denn Gelöstheit ist der wunderbare Zustand der Heilheit. Du erlebtest die Paradoxie, gelöst sein zu wollen, das Richtige zu wollen und dann doch letztendlich nicht gelöst sein zu können.

Die Probleme des Alltags sind über dich hergefallen und haben dich aus dem Gelöstsein*wollen* in das Nichtgelöstsein*können* gedrängt. Dieser Widerspruch in dir ist die Spannung.

Es handelt sich also nicht um ›etwas Seelisches‹, wie die Mediziner oft den Grund für Kopfschmerzen sehen, sondern um etwas Geistiges. Es ist ein Konflikt, der aus dem Denken kommt. Das Denken macht die Gelöstheit zu einem Ideal, aber die Realität stürzt das Ideal vom Sockel. Du richtest das Ideal dann immer wieder auf, und so entsteht die Spannung zwischen Ideal und Realität. In diesem Konflikt zwischen Denken und tatsächlich seelischem Fühlen, also deinem seelischen Befinden, besteht die Spannung.

Die Realität stürzt dich in die Befindlichkeit, und das Ideal zieht dich in die andere Richtung, in den gedachten Zustand der Gelöstheit, Lockerheit und humorvollen Gelassenheit. Es ist der Widerstreit zwischen sein wollen und tatsächlichem Sein. Du findest keinen Ausweg aus dem Denken, wie es sein sollte, und der Realität des Fühlens, wie es ist. Es handelt sich also um einen Widerstreit zwischen Denken und Gefühl. Denken ist die eine Instanz, Emotionalität ist die andere.

Davon unabhängig hast du deinen Körper, in dem sich das alles abspielt. Auf dem Instrument des Körpers wird die Melodie des Lebens gespielt. Die Ratio will den Ton angeben, aber auch die Emotionen wollen zu ihrem Recht kommen. In diesem Widerstreit entsteht die Spannung. Wenn die Ratio die Macht an sich reißt, wird das Denken zu einem Diktator – und es entstehen Kopfschmerzen oder auch andere somatische Symptome. Wenn die Emotionen gegen die Diktatur der Ratio rebellieren, kann diese Spannung zu Kopfschmerzen führen, dann sind deine Kopfschmerzen ratio-emotional bedingt. Der Verursacher in diesem Kräftespiel aber ist nicht das Emotionale, sondern der Geist. Die Heilung erfolgt nicht über den Geist, über rationale Vorgaben und Ratschläge für das Verhalten, sondern über die Befreiung des Emotionalen aus seiner Begrenzung durch die Bedenken des Denkens.«

»Das Denken muß doch aber sein. Ich kann nicht verstehen, daß an dem Ideal der Gelöstheit etwas falsch sein soll, danach habe ich immer gestrebt. Gut, es ist wohl richtig, das Leben hat mir die Prügel in den Weg geworfen, so daß mir die Realisierung nicht immer gelungen ist. Aber wie kann ich mein Ideal verwirklichen, ohne unter Kopfschmerzen zu leiden?«

»Du hast die Frage auf den entscheidenden Punkt gebracht. Das Ideal ist durchaus richtig und nicht falsch. Wie kann man Heilheit, also Gesundheit leben, ohne in das Spannungsfeld dieses Widerspruchs hineinzurutschen? Wie kannst du das, wenn das Denken diese richtige Frage stellt? Kannst du die Beantwortung der Frage mit dem Denken lösen? Hat das Denken (die Ratio) eine Lösung parat, etwa so wie eine mathematische Aufgabe oder ein technisches Problem gelöst wird?

Das Denken kann diese Aufgabe, wie gelange ich zu entspanntem Leben, nicht lösen. Bitte nehme zur Kenntnis: Das Denken kann es nicht! Solange du mit dem Denken dieses Problem lösen willst, und du versuchst es ja ständig, wird es dir nicht gelingen. Jeder neue Versuch führt zu neuen Spannungskopfschmerzen. Wenn aber über das Denken keine Lösung des Konflikts erfolgen kann, wie dann?«

»Über die Gefühle vielleicht? Soll ich mich den Gefühlen überlassen? Ist das nicht viel zu riskant? Können mich meine Gefühle nicht täuschen?«

»Das einzige, was dich nicht täuschen kann, sind deine Gefühle. Die meisten Menschen sind der Meinung, daß Gefühle etwas Unkonkretes, etwas Nebulöses wären. Das ist ein riesiger Irrtum. Gefühle sind das Allerkonkreteste. Der Verstand bildet sich ein, er könnte alles viel genauer und präziser erfassen, das ist aber völlig falsch. Der Verstand ist begrenzt. Er ist nur ein Werkzeug wie deine Hand. Würdest du dir von deiner Hand dein Leben vorschreiben lassen? Würdest du deiner Hand Autorität über dein Leben einräumen? Aber dem Denken gestattest du diese Autorität.

Die Autorität des Denkens muß entmachtet werden. Der Eifer des Denkens muß zur Ruhe kommen, damit du frei atmen und fühlen kannst. Das Denken prägt dich. Wenn du diese Prägung völlig aufgibst, kommt der wirkliche Ralph zum Vorschein, der, der du wirklich bist, der so sein kann, wie er ist, der nicht von einem Ideal des Denkens zu etwas manipuliert wird.

Wenn der Spannungsverursacher, nämlich der Idealgeber (das Denken), entmachtet wird, bist du frei, der zu sein, der du aus der Tiefe deines Selbst heraus bist. Vielleicht bist du gar nicht der sonnige Typ (dein Selbstbild), den das Ideal will, denn du bist viel mehr, ein Mensch mit Gefühlen, der so sein möchte, wie er im Augenblick fühlt. Der Augenblick kann sich dann spannungslos entfalten – du bist dann der, der du bist –, und die Kopfschmerzen hören auf. Diese Freiheit ist eine andere Gelöstheit als die Gelöstheit, die das Denken dir als Ideal bisher zwanghaft vorgeschrieben hat.«

Drittes Kapitel

Welchen Sinn haben Partnerschaft und Liebe?

»Du Kleine mit großen Augen
ich habe es Dir immer gesagt,
daß ich Dich unsäglich liebe,
die Liebe mein Herz zernagt.

Doch nur in einsamer Kammer
sprach ich auf solche Art.
Und ach! Ich hab immer geschwiegen
in Deiner Gegenwart.«

HEINRICH HEINE

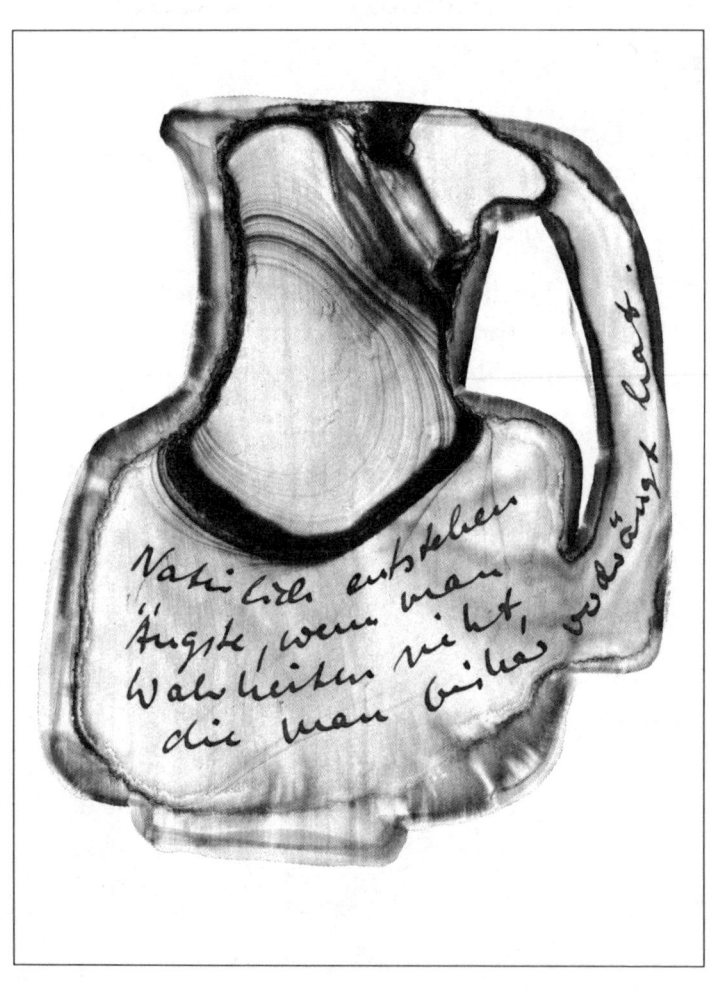

Natürlich entstehen Ängste, wenn man Wahrheiten sieht, die man bisher verdrängt hat.

Die Gedanken der meisten Erwachsenen kreisen um die beiden großen Problem- und Konfliktfelder Beruf und Partnerschaft. Das Kind ist noch von diesen beiden Themen unberührt, es beschäftigt sich mit den Dingen, wofür es sich gerade interessiert, und es liebt seine Eltern und wird von ihnen geliebt, eine intakte Kindheit natürlich vorausgesetzt. Leider ist diese Zeit der Kindheit mit seinen vielfältigen Möglichkeiten zu entdecken und zu lernen bei den meisten Menschen nicht intakt. Darauf möchte ich an dieser Stelle aber nicht näher eingehen. Ich erlaube mir, auf die Bücher der Schweizer Autorin Alice Miller zu verweisen, besonders auf die Titel »Am Anfang war Erziehung« und »Das verbannte Wissen«.[*]

Das Wort Beruf kommt von Berufung, sich berufen fühlen zu einer Tätigkeit, die einen wirklich interessiert. Nur der Berufene kann in seinem Beruf anderen Menschen mit seinen Fertigkeiten wirklich nützlich sein, denn der Berufene ist aus Liebe zu den Aufgaben, die ihm gestellt werden, tätig. Wie weit die meisten Berufstätigen davon entfernt sind, das wissen wir alle. Ich habe darauf in meinem Buch »Berufswahl« hingewiesen.[**]

[*] erschienen im Suhrkamp Verlag, 1980 und 1988
[**] erschienen im Econ Verlag, aktualisierte Neuauflage 1988, Erstausgabe 1974

Das zweite große Thema, welches das Leben dem Erwachsenen stellt, ist die Partnerschaft, das Zusammenleben mit einem Menschen des anderen Geschlechts in einem »eheähnlichen Verhältnis« oder in der Ehe. Heute werden etwa dreißig Prozent aller geschlossenen Ehen wieder geschieden. Siebzig Prozent der Scheidungen, so sagen die Statistiker, gehen von den Frauen aus. Über das Zerbrechen von außerehelichen Partnerschaften sind mir keine statistischen Zahlen bekannt. Ich schätze, daß wohl jeder einmal die seelischen Schmerzen einer Trennung selbst erlebt hat.

Kürzlich sagte mir ein Freund: »Wohin ich schaue in meinem Bekanntenkreis, überall kriselt es. Niemand versteht sich mehr richtig. Überall sind Probleme, Konflikte und Spannungen. Es gibt keine Toleranz mehr, solche Konflikte durchzustehen. Ich kenne keine Partnerschaft, die als glücklich zu bezeichnen wäre.«

Auf der einen Seite haben wir die Partnerbeziehung und Ehe und auf der anderen Seite das Problem der Liebe. Für das Gelingen der Lebensaufgabe Beruf spielt die Berufung eine entscheidende Rolle, wobei Berufung Liebe ist. Für das Gelingen der Partnerschaft spielt auch die Liebe eine entscheidende Rolle, die Liebe zum Menschen des anderen Geschlechts. Die Liebe ist als seelischer Faktor von entscheidender Bedeutung. Das große Problem dabei ist, daß wir zwar die Liebe suchen, aber dann doch wieder ganz andere Faktoren mit ins Spiel bringen, nämlich Sicherheit, Wirtschafts- und Wohngemeinschaft, finanzielle Erwägungen, soziale Aspekte und andere traditionelle Gesichtspunkte. So entsteht ein Gemisch von vielen Erwartungen, Zielen, Hoffnungen, Gedanken, Bedenken und Gefühlen sexueller Natur. In diesem Gebräu von Gedanken und Gefühlen Ordnung zu schaffen, fällt dem einzelnen sehr schwer, das habe ich in einer fast zwanzigjährigen Erfahrung als Ehe- und Partnerschaftsberater erfahren. Deshalb veröffentlichte ich 1980 das Buch »Die Liebe«,* um völlig unabhängig von Partnerschaft und Ehe das Thema Liebe als psychologisches Phänomen zu beleuchten.

In den vergangenen acht Jahren erhielt ich sehr viele Leserbriefe. Oft tauchte die Frage auf, wie Liebe mit Partnerschaft und Ehe im Alltag zu vereinigen sei. Aufgrund der Auseinandersetzung mit diesen Fragen entstand ein weiteres Buch (»Über die Liebe«), und ich habe den Eindruck, daß dieses Buch meist von Menschen gelesen wird, die Partnerschaftsprobleme haben und daraus erfahren wollten und wollen, wie ihre Partnerschaft gerettet werden kann, wenn die Liebe bei einem oder beiden erloschen ist. Ich konnte auf diese Briefe immer nur antworten, es ist ein Buch über die Liebe und kein Buch über die Ehe. Man kaufte das Buch mit dem Gedanken, daß man sich eine »feste Partnerschaft« (oder Ehe) wünscht und daraus erfährt, wie das gelingen kann. Viele Leserinnen und Leser erwarteten eigentlich ein ganz anderes Buch, das dann etwa folgenden Titel hätte tragen müssen: »Eine Anleitung zur optimalen konfliktfreien

---

* erschienen 1980 im Econ Verlag

und ständig sich steigernden Glückseligkeit innerhalb der Beziehung von Mann und Frau.«

Das Thema Liebe unter diesem Erwartungsaspekt zu behandeln ist unmöglich, denn das würde bedeuten, wieder alles miteinander zu vermischen, wie es ja leider alltäglich geschieht – und so zu dem großen Leid in den Partnerbeziehungen führt. Es ist unmöglich, die Liebe zu wollen, sie zu suchen, aber andererseits auch das zu wollen, was der Liebe entgegenläuft und sie tötet. Das wäre die Paradoxie, die Katze zu baden, ohne sie dabei naß zu machen. Das hieße immer wieder, in den Fluß zu steigen, in der Annahme, es wäre derselbe Fluß, um mit Heraklit zu sprechen. Das würde bedeuten, die Blume zu brechen, sie in die Vase zu stellen und sie niemals verwelken zu sehen. Das würde bedeuten, mit dem Drachen fliegen zu wollen und gleichzeitig ständig den sicheren Boden unter den Füßen zu haben. Das hieße, sich zu verlieben – und daneben stünde ein Notar, der alles beobachtet, schriftlich festhält und beide danach unterschreiben ließe, daß diese Gefühle, diese Worte, diese Gesten nun ständig wiederholt werden sollen, damit die Partnerschaft gelingen kann.

So betrachtet, ist dies alles grotesk, erscheint alles widernatürlich. Dahinter steht eine Realität, die nicht als satirisch, ironisch, überzogen, pessimistisch oder wie auch immer etikettiert werden mag, die nicht so einfach vom Tisch weggewischt werden kann. Es ist eine Realität, mit der wir leben müssen, die wir anzunehmen haben als ein Stück Natur – als etwas Natürliches. Wir sind Lebewesen, lebendige Geschöpfe, die sich in Freiheit entfalten wollen. Das Gehirn (mit seinem Denken) kann Ordnungen aufstellen, so viele es will, so großartig und ideal sie auch erscheinen mögen, aber das Leben, die Lebendigkeit, die Gefühle und die Lebendigkeit dieser Gefühle sind eine andere Welt, die nicht aus dem Denken kommt und über die das Denken auch keine Macht hat, sosehr es auch versucht, Macht darüber auszuüben.

Das Denken ist ein Diktator, und dennoch unterliegt es dem Leben. Wenn das Leben siegt, wird der Diktator lächerlich. Und das Leben siegt letztendlich immer – auch in der Krankheit und Zerstörung siegt es, im Tod noch triumphiert es, im falschen Tod noch macht es sich lustig.

Im richtigen Tod ist der Tod das Leben selbst. Richtiger Tod ist Liebe, Leben und Sterben als eine Einheit und Verschmelzung. Im falschen Tod verliert der Tod, den wir so sehr verdrängen, hassen und von uns weisen, seine lebendige Kraft. Sogar den lebendigen, den erfüllenden Tod raubt man uns durch falsches Denken. Dieses letzte Liebeserlebnis raubt man uns auch noch. Man hat uns alles genommen, den Besitz, die Liebe, das Leben, die Berufung – und nun nimmt man uns auch noch das Sterben.

Leben heißt zu erleben und sich entfalten. Sobald sich etwas entfaltet, wollen es die anderen wegnehmen und für sich selbst einsetzen und benutzen. Sogar der Tod wird dir weggenommen. Dein eigenes Sterben ist nicht mehr dein Sterben. Schaust du auf die anderen, wenn sie dich nicht lieben, so bist du verloren. Schau auf dich selbst – und du kannst dich retten. Daß dich die anderen lieben, ist eine Gnade der Freiheit. Sei so gnädig und frei und liebe die anderen, damit sie sich dir angstfrei zuwenden können, damit deine Liebe sich mit ihrer berührt. Dann wird dein Leben glücklich und dein Glück zu ihrem Glück. Dann kannst du in Liebe leben, und dein Sterben wird deine Liebe und dein Leben wirklich vollenden. Berufung und Liebe, diese beiden Nützlichkeiten, sind dann der Sinn deines Lebens und der Sinn, den du gestiftet hast für alle anderen um dich herum.

Bindung und Freiheit

Die Thematik der Bindung und Freiheit, bezogen auf Liebe und Partnerschaft, erscheint sehr schwierig. Da sie aber von großer Bedeutung für unser Leben ist, sollte jeder darüber nachdenken, auch wenn er nicht dazu gezwungen wird durch äußere Ereignisse wie Trennung, Scheidung, Verliebtheit und Eheschließung. Die Thematik erscheint deshalb besonders schwierig, weil Ängste entstehen, wenn man dieser Problematik wirklich auf den Grund geht.

Beginnen wir mit der Liebe, die sich als seelisches Ereignis einstellt, die uns, wenn wir liebesfähig sind, durch das ganze Leben begleitet. Sie ist nicht allein bezogen auf einen Menschen des anderen Geschlechts, sondern sie ist ein übergreifendes Erleben der zärtlichen, mitfühlenden Zuwendung. Im Nachwort zu dem Buch »Liebesgefühle«* schrieb ich: »Viele starren wie gebannt nur auf den anderen Menschen, sie sind zwanghaft darauf fixiert, als ob es nur hetero- oder homoerotische Liebe in ihrem Leben gäbe. Wenn ich von Liebe spreche, meine ich die Liebe zur und von der gesamten Natur. Wir bekommen täglich Liebe von der Sonne, von den Pflanzen, von den Tieren – viele sind stumpf gegenüber dieser Energie.«

* erschienen 1988 im Rowohlt Verlag

Wer abgestumpft gegenüber dieser Energie ist, wer sich ihr verschließt, wird sehr schwer verstehen, was ich meine und wovon ich jetzt schreibe. Wer sensitiv geöffnet ist und empfangen kann, ist in der Lage, seelische Zärtlichkeit für seine Umwelt und die anderen zu empfinden. Wer dieses Liebesgefühl in sich erfahren hat, der weiß auch, daß Liebe als ein seelisches Phänomen unabhängig von Sexualität ist.

Beim Partner des anderen Geschlechts fließt die körperlich-sexuelle (erotische) Anziehung in die Energie der Liebe mit ein, und es wird der Wunsch nach körperlich ausgedrückter Zärtlichkeit auf diese Weise geweckt. Die Liebe aber ist das übergeordnete Grundprinzip – die Sexualität wird ihr nur beigeordnet. Sie fließt ihr zu und führt zum Ausdruck von Zärtlichkeit auf geschlechtlicher Ebene. Sexuelle Betätigung, als »Liebe machen« bezeichnet, ist keine Liebe, wenn nur sie im Zentrum steht und nicht das Liebesgefühl. Sexualität ohne dieses Gefühl wird zur reinen Körperaktivität, die ein Empfinden der Schalheit und Leere hinterläßt. Sexuelle Entfaltung aber aufgrund von seelisch erlebter Liebe ist beglückend und erfüllend.

Die Liebe ist das Primäre, Sexualität kann nur als etwas Sekundäres hinzukommen. Wir müssen von der Liebe ausgehen, nicht von der Sexualität, wenn wir das Partnerschaftsproblem besprechen. Zwei Menschen, die sich in Liebe begegnen, sind von dieser Liebe erfüllt, unabhängig von Gedanken an Bindung. Die Liebe entsteht in Freiheit, sie hat nichts mit Bindung zu tun. Liebe und seelische

Freiheit sind sich sehr nahe. Der Begriff »Bindung« entspringt nicht aus der Sensitivität, er kommt nicht aus dem Seelischen, sondern er taucht über das Denken auf. Sobald in einer Liebesbeziehung die Partnerschaftsbindung in Erwägung gezogen wird, mischt sich das Denken mit seinen Denkinhalten ein. Die Seele erlebt Liebe, und das Denken strebt nach Bindung. Das Denken möchte die Gefühle in der Bindung konservieren.

Das Denken trifft die Entscheidung: Dieses schöne Gefühl, das ich erlebte (Liebe plus Sexualität), möchte ich nun in Besitz nehmen, es soll sich wiederholen und soll jederzeit verfügbar sein, indem ich mit diesem Menschen eine Bindung vereinbare. Da wir zu wenige Kenntnisse haben über die Vorgänge in der Seele und unserem Denken die Chefposition einräumen, meinen wir, nun wäre alles in Ordnung. Keiner hat uns jedoch gesagt, daß das nicht in Ordnung ist. Bindung gilt als großer moralischer Wert, der von der Gesellschaft, den Erziehungspersonen, der allgemeinen Lebenslehre und der Religion unterstützt wird. Dies alles in Frage zu stellen, bedarf großer Energie.

Eine seit fünf Jahren verheiratete Frau erzählte mir in der Praxis, daß sie sich förmlich in die Ehe gerettet hatte, weil sie – allein lebend – mit dem Beruf und den Mitmenschen nicht mehr zurechtkam. Sie lernte »ihren Mann« kennen und erlebte Liebesgefühle. Ein Jahr nach der Heirat stellte sie fest, daß die Liebesgefühle weg waren und sich nicht mehr einstellten, wenn sie es wollte. Der Verstand verordnete ihr: Ich will meinen Mann lieben, bei ihm geht es mir gut, er schützt mich vor vielen Problemen, die ich hätte, wenn ich ihn nicht hätte. Der Verstand sagte ihr: Liebe ihn, das Gefühl aber blieb aus. Sie sagte: »Es war für mich eine schreckliche Erfahrung, plötzlich feststellen zu müssen, daß sich das Gefühl der Liebe nicht mehr einstellte, wenn ich es wollte. Ich möchte ihn lieben, aber ich kann es nicht mehr. Bitte sagen Sie mir, was ich tun muß, damit ich ihn wieder so liebe wie am Anfang.«

Die Liebe ist nicht dem Willen unterworfen. Man kann sich nicht zwingen, zu lieben. Es wird als eine Schwäche erlebt, wenn es nicht gelingt, sich über den Verstand selbst manipulieren zu können, wenn man die eingegangene Bindung nicht mit seelischem Inhalt ausfüllen kann. Es geht um den Konflikt zwischen Liebe (Freiheit) und Bindung (Denkvorsatz). Liebe aber ist etwas Seelisches, und alles Seelische braucht die Freiheit, um atmen zu können. Ohne Freiheit fehlt der Sauerstoff – und die Flamme erstickt.

Die naturwissenschaftlichen Vorgänge der Verbrennung sind von den Physikern bis ins Detail erforscht. Wie man mit einem Kaminfeuer richtig umgeht, das wissen wir, und wir stellen uns darauf ein. Aber wie man mit dem seelischen Vorgang der Liebe umgeht, wissen wir nicht – auf diesem Gebiet verhalten wir uns völlig unbeholfen. Auch ein Jahrhundert psychologischer Wissenschaft hat uns hier nicht weitergeholfen. Die psychologische Wissenschaft, die Psychiatrie und die Psychoanalyse, die Begründung von Therapieschulen, die Lehrmeinungen, das alles hat uns in dieser zentralen Frage, die jeden

Menschen betrifft, die von so zentraler Bedeutung für das Lebensglück ist, nicht weitergeholfen. Die elementaren Bedeutungen von Liebe, Sexualität, Bindung und Freiheit sind der Psychologie, Psychoanalyse und Psychotherapie nach wie vor ein Rätsel, obwohl sie ein so wichtiges Problem unseres Daseins sind.

Wir wissen viel über die Grundbausteine des Lebens, über das Atom, über das Licht und die Materie, wir können Operationen am Herzen vornehmen, wir können eine Niere verpflanzen, sogar eine Hand, die bei einem Unfall verloren wurde, wieder annähen, aber wir können nicht unterscheiden zwischen Liebe, Sexualität, Freiheit, Bindung, Denken und Gefühl. Wir sind tagsüber erfolgreich in unserem Beruf als Techniker, Ingenieur, Chirurg und Neurologe, aber wir versagen in unserer Freizeit, in unserer Beziehung zu einem Menschen des anderen Geschlechts, wir versagen in der Erziehung unserer Kinder, indem wir keine Zeit für sie und auf ihre Fragen keine Antworten haben.

Wir drücken uns vor der Antwort, ob wir unseren Partner wirklich lieben. Der Verstand will die Bindung, aber die Seele kann diese Bindung oft nicht ehrlich ausfüllen. Im Beruf (mit dem Verstand) leben wir im Computerzeitalter, aber im Privatleben, in unserem Gefühlsleben sind wir unwissend, leben sozusagen in der Steinzeit. Es stellt sich uns täglich das Problem Freiheit und Bindung, aber wir wissen nicht damit umzugehen. Ich frage mich: Was nutzen mir zwanzig Fernsehprogramme, wenn ich nicht weiß, wie ich danach – denn einmal geht man ja auch ins Bett –, wenn ich dann nicht weiß, wie ich mit meinem Partner, dem mir nächststehenden Menschen, umgehen soll, ob ich ihn liebe oder nicht, ob ich ihn nur lieben will, aber nicht kann, ob er mich liebt, ob er nur will, aber nicht kann. Ob ich frei sein will, aber nicht kann? Wie frei bin ich wirklich? Gibt es Freiheit, oder ist sie nur ein Ideal? Gibt es Liebe, oder ist sie nur eine romantische Vorstellung? Ist Bindung in Liebe möglich? Oder schließen sich Bindung und Liebe gegenseitig aus? Was ist der Sinn der Liebe? Was ist der Sinn meines Lebens in diesem Konglomerat von Gefühlen und Denkrichtlinien?

Ist Liebe soziale Bindung?

Von Untersuchungen des Tierverhaltens wissen wir, daß manche Tierarten instinktgebunden in sozialen Gruppen, Rudeln oder staatenartigen Lebensgemeinschaften leben. Allerdings gibt es auch einzeln lebende Tierarten. Ist der Mensch ein Gruppenwesen? Aufgrund seiner langen Entwicklungszeit vom Baby über das Kleinkindalter bis zur Geschlechtsreife und aufgrund seiner Instinktfreiheit benötigt er die Gemeinschaft, um lernend heranzuwachsen. Er ist ein überaus lernwilliges Wesen, und wie bereits erwähnt, er ist sehr plastisch, sein Gefäß kann mit den unterschiedlichsten Inhalten gefüllt werden. In der sozialen Gemeinschaft sucht er diese Inhalte, aber auch Anerkennung seiner Person. Die soziale Gemeinschaft – und wenn es auch nur eine zweite Person ist – braucht er, um sich geschützt zu fühlen und sich selbst am Verhalten eines anderen Menschen, einer Bezugsperson, zu reflektieren. Das wird immer als Argument angeführt, daß sich die Eltern in einer Partnerschaft gegenseitig binden müßten, also möglichst zusammenbleiben müßten, um dem Kind in einer Kleinfamilie diese Stabilität zu geben.

Es ist ein falscher Eindruck, wenn angenommen wird, ich wäre gegen die Ehe eingestellt, weil ich ein Buch über die Liebe geschrieben habe anstatt über die Ehe. Ich habe die Liebe als etwas Psychisches untersucht und betrachtet, unabhängig von den Problemen der Partnerschaftsbindung. Es gibt für Menschen viele verschiedene Gründe dafür, sich, unabhängig von der Liebe, ehelich zu binden und einen Familienvertrag vor dem Standesamt zu schließen. Hier werden Vermögensverhältnisse geklärt, der finanzielle Zugewinn während der Ehedauer geregelt, das Recht auf Unterhaltszahlung nach der Scheidung und Rechtsansprüche auf Altersversorgung usw. Wer auf das alles Wert legt, wer eine solche finanzielle und vertragliche Absicherung mit Rechten und Pflichten eingehen will, hat die vom Staat geförderte Möglichkeit dazu.

Mit einem Ehevertrag kann man allerdings nicht die Liebe vertraglich binden. Ein Recht auf sexuelle Verfügbarkeit des Partners ist absurd und führt zu den schändlichen Vorwürfen: »Du verweigerst mir deinen Körper, und damit kommst du deiner ehelichen Pflicht nicht nach.« Das höre ich in der Eheberatung oft genug. So werden Schuldgefühle im Partner erzeugt, der aus den verschiedensten Gründen nicht immer »Lust hat«, wenn der Partner ihn gerade »braucht«.

Heute werden Ehen meist unter der Voraussetzung geschlossen, daß man aus Liebe heiratet und sich deshalb immer lieben will. Das war nicht immer so und ist in anderen Kulturkreisen nicht überall so. Da halte ich es für ehrlicher und klarer, wenn Ehen als Wirtschaftsgemeinschaften geschlossen, wenn klare Besitzregelungen getroffen werden und der Kinderwunsch, die Fortführung einer Familientradition, offen ausgesprochen wird. Dann verbinden sich zwei Menschen aufgrund des Denkens. Das Denken hat seine rationalen Gründe. Dann muß man sich keine Liebe vorlügen, die Gefühlswelt bleibt frei, es entstehen keine Schuldgefühle und kein seelischer Konflikt, der psychosomatische Symptome erzeugt. Diese Betrachtungsweise erscheint vielen vielleicht zynisch. Ich meine das jedoch keineswegs ironisch, sondern halte einen solchen rationalen Weg für einen gehbaren Weg.

Der Weg der Liebesehe, der Liebe als Bedingung setzt, ist ein viel schwierigerer Weg, der zu großem Leid und Elend führt, zu Eifersuchtsdramen, psychosomatischen Erkrankungen, zu Scheidungen und zum Zerreißen der Familien. Den Streit, den Haß, die Aggressionen, den Alkoholmißbrauch, den Kinder in enttäuschten Liebesbeziehungen erleben, ist schädlich für die kindliche Seele. Hier gerade erfährt das Kind nicht die Geborgenheit und seelische Stabilität, die es braucht. Die Ehe als ein dauerhaftes Liebesverhältnis – von diesem Grundgedanken und Glauben ist unsere Gesellschaft geprägt. Die Liebe soll die Basis sein. Aber was verstehen wir unter Liebe?

Ich behaupte, der Begriff Liebe wird oft falsch verstanden, ja mißbraucht, und die Schönheit der Liebe wird zerstört und verzerrt. Die meisten Menschen machen sich eine gedankliche Vorstellung von der Liebe: sie wird zu einem Ideal hochstilisiert und wird mit Inhalten überfrachtet. Aus vielen Gesprächen weiß ich, was unter Liebe alles verstanden wird: Der Partner soll den anderen bedingungslos akzeptieren, viel Verständnis haben, zuhören können, zärtlich sein, sexuell attraktiv sein, er soll bewundern, verzeihen, Geborgenheit geben, er soll eifersüchtig sein (damit ist »nicht gleichgültig« gemeint), er soll dem anderen geradezu verfallen sein und süchtig nach seiner Person. Er soll nur noch Augen und Ohren für den Geliebten haben. Er soll gut sein, friedfertig, verzeihend, verständnisvoll, aufmerksam und ständig bereit, sich zu kümmern und zu sorgen. Das alles fordert das Diktat dieser idealen Liebesvorstellung. Er soll »liebesfähig« sein, das heißt, sich ständig aktiv liebend verhalten. Aufgrund ihrer sonstigen subjektiven Probleme und Konflikte fühlen sich die meisten Menschen über kurz oder lang überfordert, das alles zu leisten.

Liebe ist keine Leistung, Liebesfähigkeit ist auch kein Leistungsvermögen. Liebe ist ein seelisches Phänomen von ganz anderer Qualität und Dimension. Sie kann nicht in einen Rahmen des Denkens gespannt werden. Von ihr kann nichts gefordert werden, und sie kann nicht als Verpflichtung zur Grundlage einer Bindung gemacht werden. Das Denken hat die Liebe zum Ideal gemacht, hat ihr moralische Dogmen aufgeladen, unter denen sie zusammenbricht. Das Wort Liebe ist zu einem geradezu unangenehmen Wort geworden. Viele scheuen sich deshalb dem Partner gegenüber, überhaupt noch von Liebe zu reden. Es herrscht eine große Konfusion und Aversion, obwohl sich alle nach Liebe sehnen.

Liebe ist ganz anders, als sie in den üblichen Gesprächen erscheint. Sie hat nichts mit Eifersucht und Bindung zu tun. Sie ist frei, sie läßt sich nicht in ein soziales Netz einspannen. Sie kennt keine Forderungen, sie stellt sie nicht und erwartet keine Pflichterfüllung. Sie ist etwas Seelisches und deshalb unabhängig vom Denken. Sie ist das Eigentliche, das Zentrale, sie gehört zu unserem Wesen, zu unserem Alleinsein, sie braucht die innere Stille und verflüchtigt sich im sozialen Getöse. Sie ist mit dem Denken nicht zu erzeugen. Liebe kann nicht »gemacht« werden, der Wille kann sie nicht herbeizwingen, und sie kann deshalb nicht Bestandteil eines Vertrages werden. Deshalb ist es ehrlicher, eine Wirtschaftsgemeinschaft zu gründen als eine Liebesgemeinschaft.

Liebe kann nicht auf Treue verpflichtet werden. Wer Treue will, soll von Treue auch deutlich und offen reden, aber nicht von Liebe. Wer Liebe sagt, aber Treue meint, macht sich selbst und dem anderen etwas vor. Zu den vielen Problemen, die das Leben uns sowieso zumutet, kommt ein gewichtiges neues noch hinzu. Das Unglück, das diese falsch verstandene Liebe über die Menschen gebracht hat, die vielen Tränen und Krankheiten, die deswegen erlitten werden, veranlassen mich zu der Schlußfolgerung, daß diese erdachte Liebesvorstellung ein gewaltiges Unglück ist, weil wir, anstatt zu lieben, ins Leiden abrutschen. Die Aufgabe der Psychologie, der Wissenschaft von der menschlichen Seele, ist, Leiden zu verhindern und nicht erst dann zu lindern, wenn die Störungen und Erkrankungen sichtbar werden. Wir brauchen mehr Psychologen, die prophylaktisch aufklären und die sich nicht scheuen, die erkannten Wahrheiten des Seelischen auch unmißverständlich populär zu machen.

Selbstverwirklichung und Verantwortung
Sieben Fragen zur Partnerschaft und Liebe

Heute erhielt ich den Brief einer Leserin mit Fragen zur Partnerschaft und Liebe, die in ähnlicher Form oft gestellt werden. Sie zeigen die große Unsicherheit gegenüber seelisch-geistigen Vorgängen und die Skepsis gegenüber einer Öffnung zum Leben, zur Freiheit und Selbstentfaltung. Zunächst möchte ich diese sieben Fragen vorstellen ...

○ »Sie reden der Selbstverwirklichung Wort und der hohen Form der Liebe, in der jeder den anderen nach Gutdünken gewähren läßt. Was aber, wenn mein Bedürfnis nun ist, mit dem anderen zu kommunizieren, und das ist wiederholt zu dem von mir benötigten Zeitpunkt nicht das Bedürfnis des anderen?«

○ »Wie kann ich Wünsche realisieren in bezug auf ein Du, welches diese Wünsche nicht hat?«

○ »Mir ist völlig klar, wie wichtig persönliche Unabhängigkeit, Freisein vom Besitzdenken, Akzeptieren der Persönlichkeit und der Wünsche des anderen sind, ich komme nur mit dem *Wie* noch nicht zurecht – gibt es ›Methoden‹, das zu erlernen? Kommt dieses Akzeptieren dem Resignieren nicht sehr nahe?«

○ »Was ist mit der Verantwortung für einen Menschen? Es scheint mir doch zu einfach, die Liebe in Freiheit zu verherrlichen – so schön unverbindlich, aber realitätsfremd.«

○ »Ich wüßte gern, was Sie unter Liebe verstehen, Sie definieren sie eigentlich nie. Sie scheint mir in Ihren Büchern zu sehr auf den Gefühlsbereich reduziert zu sein. Ist das nicht gefährlich? Wird man dem Menschen gerecht, wenn man ihn auf einen Teilbereich beschränkt, und wozu hat er seinen Verstand und Willen?«

○ »Ich wehre mich zu glauben, daß unsere wankelmütigen Gefühle eine so überragende Stellung einnehmen sollen in unserem Leben und daß die Sehnsucht des Menschen nach etwas Beständigkeit nicht teilweise zu erfüllen ist, ohne daß er dadurch gleich wieder unfrei, manipuliert, fremdbestimmt, normiert wird.«

○ »Gefühl ist wichtig, aber es darf nicht alles sein. Ich glaube, das Leben und auch die Liebe würden dadurch zu großer Willkür ausgesetzt. Sollte man Gefühle, Verstand und Willen nicht vernünftigerweise und sinnvoll in Einklang bringen können? Allerdings muß ich zugeben, daß ich auch nicht weiß wie.«

Bitte versuchen Sie sich die Fragen, bevor sie weiterlesen, einmal selbst zu beantworten. Jede Frage hätte es sicherlich verdient, daß man sehr ausführlich auf sie einginge.

Ich möchte mich jedoch kurz fassen, da ich die bisher ausgeführten Gedanken voraussetzend miteinbeziehe und darauf vertraue, daß durch die noch folgenden drei Kapitel das hier Angesprochene noch deutlicher und klarer werden kann.

Erste Frage: »Sie reden der Selbstverwirklichung Wort und der hohen Form der Liebe, in der jeder den anderen nach Gutdünken gewähren läßt. Was aber, wenn mein Bedürfnis nun ist, mit dem anderen zu kommunizieren, und das ist wiederholt zu dem von mir benötigten Zeitpunkt nicht das Bedürfnis des anderen?«

Es ist richtig, daß ich der Selbstverwirklichung in meinen Büchern eine zentrale Bedeutung gebe. Selbstfindung und Selbstentfaltung sind die eine große Aufgabe, die das Leben uns täglich in unserem Selbstsein stellt. Alle anderen Aufgaben sind dagegen von zweitrangiger Bedeutung. Die Aufgaben des Berufs und der Partnerschaft können zeitweise wichtiger erscheinen, und ihr Zusammenhang mit dieser zentralen Aufgabe kann mitunter dann verwischt werden.

Die Liebe ist in den Vorgang der Selbstfindung und Entfaltung miteingeschlossen. Die Verbindung zu unserem Wesenskern soll niemals abgerissen sein, dann kann jeder den anderen gewähren lassen, und der kann ihn so annehmen, wie er ist. Das Wörtchen »Gutdünken« drückt eine Skepsis aus. Es ist der Zweifel damit verbunden, ob man den anderen wirklich nach Gutdünken gewähren lassen soll, auch wenn man selbst das Bedürfnis hat zu kommunizieren, der andere aber zu diesem Zeitpunkt nicht.

Mein Standpunkt ist klar und eindeutig: Der andere sollte in seinem Bedürfnis, nicht zu kommunizieren, respektiert werden. Jede Kommunikation hat nur dann einen Sinn, wenn die innere Aufnahmebereitschaft dafür besteht. Wenn sie nicht besteht, wird das Gespräch zu einem geistigen Monolog und nicht zu einem Dialog. Es besteht keine Verbindung, das Gespräch wird sinnlos. Jedes weitere Aufdrängen einer Kommunikation ist eine Form der Gewalt. Auch das Vermitteln von Schuldgefühlen (»Du redest nicht mit mir, wenn ich es brauche«) ist ein Akt der seelischen Gewalt. Wir sind täglich umgeben von Gewalt dieser Art. Weder mit Liebe noch mit Selbstverwirklichung steht diese Gewalt im Einklang.

Zweite Frage: »Wie kann ich Wünsche realisieren in bezug auf ein Du, welches diese Wünsche nicht hat?«

Mit der Beantwortung der ersten Frage beantwortet sich die zweite Frage von selbst. Ich kann Wünsche, die ich an ein Du habe, zwar formulieren, aber nicht realisieren, wenn der andere diese Wünsche nicht hat. Ich kann wiederum versuchen, durch Gewaltanwendung mein Ziel doch erreichen zu wollen, vielleicht gelingt es mir sogar. Aber ist das Liebe? Ist das Einfühlung in das von mir unabhängige Lebewesen? Es ist nicht einmal partnerschaftliches oder wertschätzend-kommunikatives Verhalten. Es handelt sich um falsch verstandene Selbstverwirklichung, um platte Egozentrik.

Dritte Frage: »Mir ist völlig klar, wie wichtig persönliche Unabhängigkeit, Freisein vom Besitzdenken, Akzeptieren der Persönlichkeit und der Wünsche des anderen sind, ich komme nur mit dem *Wie* noch nicht zurecht – gibt es ›Methoden‹, das zu erlernen? Kommt dieses Akzeptieren dem Resignieren nicht sehr nahe?«

Diese Frage beginnt mit der richtigen Einsicht in die Unabhängigkeit, die Freiheit und das Respektieren des anderen in genau dieser Unabhängigkeit und Freiheit, die man für sich selbst reklamiert. Es gibt keine Methode, das zu erlernen, es gibt keine Übungen oder ein Training. Die tiefe Einsicht in das eigene Wesen ist der Weg, aus ihr erwächst die Einfühlung in den anderen von selbst. Das Akzeptieren wird zu etwas Natürlichem, es muß dann nicht gelernt werden als eine Verhaltensregel, die von außen vermittelt werden müßte. Über das richtige Reagieren muß man sich dann keine Gedanken mehr machen, denn es fließt aus dem Herzen. Das kommt einem »Resignieren nicht sehr nahe«, sondern ist weit davon entfernt.

Wenn dem Denken etwas nicht gelingt, entsteht vielleicht Resignation. Wenn der andere gedanklich etwas nicht versteht oder auch nicht verstehen will, gibt man schließlich resigniert auf. Eine aus der Seele (aus dem Wesenskern) fließende Liebe resigniert nicht, denn sie ist unerschöpflich, sie drängt sich niemals auf, sie braucht keine Argumente, sie will nicht überzeugen, sie ist von einer anderen Qualität als die Gedanken, der Wille und die Vorstellungen.

Vierte Frage: »Was ist mit der Verantwortung für einen Menschen? Es scheint mir doch zu einfach, die Liebe in Freiheit zu verherrlichen – so schön unverbindlich, aber realitätsfremd.«

Diese vierte Frage ist die Frage, auf welche die ersten drei Fragen ausgerichtet waren. Die meisten Menschen argumentieren sehr schnell mit ihrer »Verantwortung« im Bösen wie im Guten. Verantwortung ist ein so reiner und positiver Wert, da kann man doch nun wahrhaftig nichts dagegen einwenden! Oder vielleicht doch?

Wenn wir lieben, dann wollen wir meist sehr schnell Verantwortung übernehmen für den anderen. Was ist dagegen einzuwenden? Zunächst einmal ist jeder für sich selbst verantwortlich. Kein anderer kann für mich Verantwortung übernehmen. Wer Verantwortung übernehmen will, der beginnt damit, sich in mein Leben einzumischen. Er versucht mich nach seinen Vorstellungen zu manipulieren, er beginnt Macht über mich auszuüben und maßt sich an, meine Selbstbestimmung in Frage zu stellen. Verantwortung aber ist ein so hoher moralischer Wert, daß wir davon geblendet werden und diesen negativen Hintergrund nicht mehr sehen – und schon sitzen wir in der Falle der Manipulation und Manipulierbarkeit.

Wie wunderschön ist dagegen die Liebe in Freiheit. Sie ist keine Unverbindlichkeit. Die Liebe ist auch nicht verbindlich, sie will weder das eine noch das andere, und sie ist deswegen keineswegs realitätsfremd. Diese Liebe ist absolut real, sie ist realer als das Denken mit seinen *Vorstellungen* von Verantwortung und Pflicht. Es ist sehr wichtig für das Lebensglück, diese Zusammenhänge zu verstehen, nicht nur Worte und Sätze rein sprachlich verstanden zu haben, sondern den dahinter liegenden seelischen Sachverhalt erkannt zu haben.

Fünfte Frage: »Ich wüßte gern, was Sie unter Liebe verstehen, Sie definieren sie eigentlich nie. Sie scheint mir in Ihren Büchern zu sehr auf den Gefühlsbereich reduziert zu sein. Ist das nicht gefährlich? Wird man dem Menschen gerecht, wenn man ihn auf einen Teilbereich beschränkt, und wozu hat er seinen Verstand und Willen?«

In der Beantwortung der vierten Frage ist die Antwort auf die fünfte Frage bereits enthalten. Es ist keineswegs gefährlich, die Liebe auf den Gefühlsbereich, also die Seele, zu verweisen, es sei denn, man hält es für gefährlich, den Tatsachen ins Auge zu schauen. Natürlich entstehen Ängste, wenn man Wahrheiten sieht, die man bisher verdrängt hat. Man wird aus einer scheinbar bequemen Ordnung herausgeworfen, und die bisherigen Vorstellungen und Dogmen werden in Frage gestellt – das erzeugt Unsicherheit. Ich behaupte, die Scheinsicherheit, in der wir uns geborgen glauben, ist gefährlich. Irrige Vorstellungen von der Liebe zu hegen und zu pflegen ist gefährlich.

Man wird dem Menschen nicht gerecht, wenn man ihn auf einen Teilbereich beschränkt. Aber das ist es gerade, was die traditionelle Auffassung von der Liebe macht. Sie zwängt die Liebe in die Richtlinien des Verstandes und will sie dem Willen verfügbar machen. Ich weise darauf hin, daß dadurch großes Leid erzeugt wird. Ich bringe den verdrängten und verleugneten Bereich des Seelischen wieder ins Spiel, ohne das Denken zu verleugnen. Ich sage allerdings, wir sollten die Quelle erkennen: Die Liebe kommt aus der Seele und nicht aus dem Denken. Das Denken will sich einmischen, aber diese Einmischungen müssen als solche erkannt werden. Es wird also nichts beschränkt, sondern die Struktur einer Ganzheit aufgezeigt.

Sechste Frage: »Ich wehre mich zu glauben, daß unsere wankelmütigen Gefühle eine so überragende Stellung einnehmen sollen in unserem Leben und daß die Sehnsucht des Menschen nach etwas Beständigkeit nicht teilweise zu erfüllen ist, ohne daß er dadurch gleich wieder unfrei, manipuliert, fremdbestimmt, normiert wird.«

Es wird einfach vorausgesetzt, daß die Gefühle »wankelmütig« sind und deshalb keine überragende Stellung einnehmen dürfen. Das Gefühlsleben ist tatsächlich kein vom Verstand geschaffenes Denksystem. Das Gefühlsleben ist unsere Lebendigkeit – dort sind wir lebendige Lebewesen.

Daß wir lebendige Wesen sind, verdanken wir dem Seelenleben. Der Verstand gehört zwar zu unserer Ganzheit dazu, aber er ist nicht die Quelle der Lebendigkeit, denn er ist, wie schon mehrfach betont, nur ein Werkzeug. Er ist notwendig, um einen Computer zu konstruieren oder ihn zu bedienen. Der Verstand mit seinem Denkvermögen ist dazu geeignet, logische Probleme zu lösen; er dient dem Affen im Käfig dazu, auf den Gedanken zu kommen (falls er die über ihm hängende Banane nicht erreichen kann), einen im Käfig stehenden Stuhl unter die Banane zu schieben, um von dort aus die Banane zu erreichen. Wenn er sie dann immer noch nicht greifen kann, fällt ihm vielleicht der Stock in der Käfigecke auf; er nimmt ihn und versucht, auf dem Stuhl stehend, die Banane herunterzuklopfen. Das ist dem Affen dank seines besonders entwickelten Gehirns (in der Reihe der Säugetiere) möglich. Einer Katze wäre diese Denkleistung nicht möglich; sie verfügt weder über den Werkzeugansatz von Armen und Fingern noch über den Werkzeugansatz dieser Denkleistungsfähigkeit.

Ein lebendiges Wesen ist vor allem deshalb lebendig, weil es fühlt. Sowohl der Affe als auch die Katze leben vorwiegend aus ihren Gefühlen heraus. So wankelmütig sind die übrigens gar nicht. Der Mensch glaubt, weil sein Leistungswerkzeug Intelligenz so hoch entwickelt ist, daß er sich ganz und gar auf dieses Werkzeug stützen und verlassen müßte. Er ist in dieser Überbewertung sogar bereit, sein Seelenleben an das Denken auszuliefern. Wer sich der Diktatur des Denkens unterwirft, wird unfrei, normiert, fremdbestimmt und manipuliert. Wir dürfen die Tatsachen nicht umdrehen. Das Gefühlsleben ist unsere Basis, nur darauf weise ich hin.

Denken hat seinen Sinn, in seinem begrenzten Bereich. Aber Gedanken und angesammeltes Wissen sind etwas Totes. Sie sind wie die Einrichtungsgegenstände einer Wohnung – nicht der Stuhl ist lebendig, sondern der

Mensch, der darauf sitzt. Der Stuhl ist relativ beständig, der Mensch aber, das Lebewesen, will mal sitzen und mal liegen. Seine Gefühle, das zu tun, können als wankelmütig bezeichnet werden, aber sie machen die Lebendigkeit aus. Die Lebendigkeit sollte das Primäre sein, nicht der Stuhl darf diktieren, auf ihm sitzen zu sollen.

Hinter diesem Bild können Sie vielleicht die Wahrheit erkennen, die ich meine. Die Liebe ist das Lebendige, nicht der Vertrag, lieben zu sollen. Diese Wahrheit mag für viele schmerzlich und ängstigend sein, das weiß ich, aber wir sollten nicht davor weglaufen.

Siebte Frage: »Gefühl ist wichtig, aber es darf nicht alles sein. Ich glaube, das Leben und auch die Liebe würden dadurch zu großer Willkür ausgesetzt.«

Also, wunderbar, Gefühl ist wichtig, darin sind wir uns einig. Gefühl darf nicht alles sein? Alles nicht, aber es ist sehr wichtig. Die Frage enthält die Behauptung, daß das Leben und die Liebe großer Willkür ausgesetzt wären, wenn Gefühl alles sei. Es ist richtig: Wir sind unseren Gefühlen ausgesetzt. Die Gefühle sind unser Leben, sie sind die Quelle der Liebe. Gefühle sind keine Rechenaufgaben. Gefühle sind etwas Lebendiges, sie gehorchen nicht den Denkgesetzen der Logik, aber sie sind auch nicht chaotisch. Dem Verstand mag manches »wankelmütig« erscheinen, aber es herrscht kein Chaos.

Wir wüßten mehr über die Gesetze der Gefühle, wenn wir damit beginnen würden, sie zu erforschen. Wir kennen die physikalischen Gesetze des Lichts, mal Korpuskel, mal Welle, das ist paradox. Seltsamerweise stört sich im Bereich der empirischen Wissenschaften niemand an solchen Paradoxien. Über die Psychologie und »die Psychologen« rümpft man jedoch sofort die Nase, wenn sie keine ganz eindeutigen Aussagen machen. Dann ist es sofort »verquastes Seelengebräu«, und man verliert die Geduld, sich weiter damit zu befassen. Wenn aber der Partner sich trennt, die Seele große Schmerzen erleidet, ruft man nach dem Psychologen, damit er diese Schmerzen lindern möge. Dann beginnen wir wieder von vorne mit der Beantwortung der ersten Frage.

Viertes Kapitel

Die Gegenwartsfresser

»Nicht was wir erleben,
sondern wie wir empfinden,
was wir erleben,
macht unser Schicksal aus.«

MARIE VON EBNER-ESCHENBACH

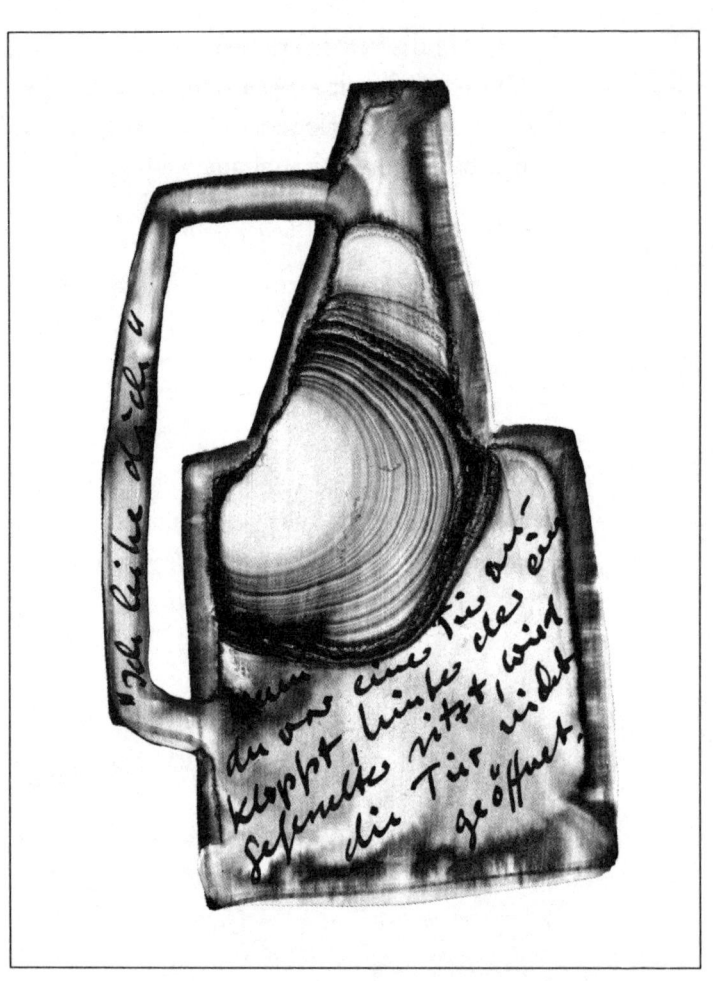

Ich möchte mich in diesem Kapitel mit dem Phänomen der Zeit befassen. Wir sollten unterscheiden zwischen physikalischer Zeit, die von der Uhr gemessen wird, und der seelisch erlebten Zeit, die unabhängig von der Uhr ist. Wir können unseren Lebensablauf nach der Uhrzeit ausrichten und danach planen, so zum Beispiel im Berufsalltag. Wir wollen uns auf den Fahrplan der Bahn verlassen können und auf die Abflug- und Ankunftzeiten des Flugplans. Diese Art von Zeitplanung soll also im folgenden nicht abgewertet oder verurteilt werden.

Die physikalische Zeitmessung hat das Denken eingeführt, sie ist ein Produkt des Denkens, das seinen Sinn hat, sobald man es braucht. Sowohl bei der physikalischen als auch der erlebten Zeitmessung gibt es die Vergangenheit (die abgelaufene Zeit), die gegenwärtige Uhrzeit und die zukünftige Zeiteinteilung, die folgenden Stunden, Tage, Wochen, Monate und Jahre.

Die psychologische Zeit kann nicht mit der Uhr gemessen werden. Es gibt bis heute keine empirische Meßmöglichkeit des Zeiterlebens. Das ist auch nicht notwendig, wie die folgende Betrachtung zeigen wird. Für die Psyche existiert zunächst einmal vor allem die Gegenwart. Es gibt nur *eine Zeit des Erlebens* – und das ist die Gegenwart. Die bereits gelebte Gegenwart ist vergangen, die noch zu erwartende Gegenwart ist noch nicht vorhanden, sie liegt in der Zukunft. Die Vergangenheit hat existiert, die Zukunft wird existieren. Deshalb weisen alle Lebensphilosophen auf die große Bedeutung des »Hier und Jetzt« hin, weil nur im Hier und Jetzt lebendiges Erleben möglich ist.

Die Psychoanalyse hat die Bedeutung der Vergangenheit für unsere Gegenwart besonders betont. Die angesammelten Erfahrungen gelebten Lebens reichen in die Gegenwart hinein, sie bestimmen Hinwendung oder Abwendung, sie beeinflussen unseren Lebensplan für die Zukunft. Es ist ein großes Verdienst der Psychoanalyse Sigmund Freuds, darauf hingewiesen zu haben. Es ist durchaus sinnvoll, die Vergangenheit aus der Versenkung hervorzuholen und sie im Licht der Gegenwart wieder neu zu betrachten, um zu erkennen, wo Ängste und Verletzungen waren, die zu Abwehrhaltungen geführt haben. Es ist sinnvoll, diese vergangenen Ängste wieder zu erleben, um die Abwehrhaltungen, die man ihnen gegenüber eingenommen hat, kennenzulernen, um sie beispielsweise mit einem Therapeuten zu besprechen.

Die Vergangenheit (gespeicherte Erfahrung) kann erinnert werden, sie kann nachträglich mit Worten etikettiert werden. Es ist gut, »sein Herz auszuschütten«, zu erzählen und einen Zuhörer dafür zu finden. Der Fachmann als Zuhörer ist vielleicht beruhigender als ein Normalbürger, der sehr schnell »gute Ratschläge« aus seiner Sicht erteilt, die geprägt sind von seinen eigenen Erfahrungen, Vorurteilen und Abwehrmechanismen. Das »Herzausschütten« verschafft Erleichterung. Es ist allemal besser, über die Vergangenheit zu reden, sich ihrer zu erinnern, als sie wegzudrängen, sie zu verstecken oder sich vor ihr zu fürchten und sie deshalb zu fliehen. Das »Herzausschütten« ist ein Schritt in die Gegenwart. Man befreit sich von einer Belastung und wertet sie neu. Bei dieser Neubewertung kann ein erfahrener Fachmann behilflich sein, sofern er wirklich bereit ist, sich darauf einzulassen. Dazu sind die meisten Therapeuten allerdings leider nicht bereit, und das aus verschiedenen Gründen. Ich möchte an dieser Stelle allerdings keine Psychotherapiekritik anstellen. Das soll einem anderen Buch vorbehalten bleiben, denn das würde uns vom Thema und Anliegen dieses Buches zu weit wegführen.

Die Vergangenheit ist etwas Totes, denn sie ist nicht mehr, ist gestern oder vor zehn Jahren geschehen. Sie mag uns vielleicht heute noch beschäftigen, aber sie ist dennoch ein toter Gegenstand, sie ist nicht das wirkliche Leben. Es gibt nur ein wirkliches Leben, und das geschieht jetzt. Das Jetzt ist lebendig, schon die Stunde davor ist nicht mehr lebendig. Ich kann mich an sie durch das Denken erinnern, ich kann diese Erinnerungen verbalisieren, aber es ist ein Sprechen über etwas Totes.

Ich kann die Vergangenheit nur wiederholen, indem ich fühle, was ich gefühlt habe. Die alten Gefühle fließen dann in meinen neuen gegenwärtigen Zustand ein, sie sind aber dann nicht mehr ganz die tatsächlichen ehemaligen Gefühle. Vergangene Gefühle und gegenwärtige Emotionen vermischen sich. Die Vergangenheit fließt in die Gegenwart ein, und ich unterscheide genau zwischen Gegenwart und vergangenen Gefühlen. Das Gefühl vor zehn Jahren ist heute und jetzt nicht mehr ganz das Gefühl von früher. Wie ich es jetzt fühle, das ist die Gegenwart, dort ist der lebendige Punkt, um den alleine es geht. Deshalb sagt Heraklit so bildhaft und zutreffend: »Du steigst niemals mehr in den gleichen Fluß.«

Alles ist anders in diesem einen Moment der Gegenwart. Auch alles Tote erscheint im gegenwärtigen Licht anders. Es gibt nichts, woran wir uns festhalten könnten. Es ist alles im Fluß, und es gibt keine Erfahrungen, auf die wir uns verlassen könnten. Es gibt gewisse Ähnlichkeiten, so die Uferböschung, der Fluß, seine Strömung, aber die Sonne steht anders, die Wolken sind anders – es ist heute zwar der gleiche Fluß, aber dennoch steigst du in einen anderen Fluß. Die tatsächliche Gegenwart, so ähnlich sie auch sein mag zu einer vergangenen Gegenwart, so ist sie doch auch wieder davon verschieden. Die wirkliche Lebendigkeit geschieht eben nur in diesem einen Augenblick, der unverwechselbar ist. Erleben ist unverwechselbar einmalig. Auf dieses gegenwärtige Erleben kommt es an. Sei in diesem Erleben offen, gehe darin total auf, dann ist alles Ähnliche bedeutungslos, es fällt von dir ab, und du steigst als lebendiges Wesen in den lebendigen Fluß, alles wird lebendig um dich herum – das ist das psychologische Zeitphänomen, das ich meine. Dann fällt die Vergangenheit von dir ab, sie tritt zurück, mehr und mehr, und es wird erkannt, daß alles Erleben nur eine Zeit hat, nämlich die Gegenwart.

Es gibt nur eine seelische Zeit, das ist die jetzt erlebte Zeit. Der Sinn des Lebens ist, dieses Erleben in diesem Moment, von Moment zu Moment zu entfalten. Das ist ein wichtiger Hinweis für alle Psychotherapie, aber darauf wollen wir, wie bereits erwähnt, nicht weiter eingehen. Die Gegenwart als psychologisches Zeiterleben ist von großer Bedeutung. Es wurde bisher nicht gebührend beachtet, weil das Denken sich so gerne mit der Vergangenheit beschäftigt oder wie gebannt auf die Zukunft starrt. Deshalb müssen wir uns vom Denken lösen, wenn wir in die Gegenwart hineingehen. Erleben ist das eine, Denken aber über die Vergangenheit und Zukunft ist das andere. Erleben ist Leben, das Denken über Vergangenheit und Zukunft ist kein konkretes Leben. Das Werkzeug, das sich darüber hermacht, ist nicht die lebendige Wirklichkeit. Gestaltet wird vom Denken immer im nachhinein. Du kannst denken und denken, bewerten und etikettieren, benennen, so geschickt und poetisch wie du Lust hast – es ist nicht mehr die Wirklichkeit. Das Lebendige aber hat Vorrang, alles Verbalisieren ist ein Netz, in dem sich nicht mehr das Leben selbst bewegt. Interpretation ist nicht das Leben. Wir wollen uns also aufmachen zum Leben und alles andere hinter uns lassen.

Die Zeit im Erleben

Die physikalische Zeitmessung geschieht unter anderem mit dem hin- und herschwingenden Pendel in der Uhr. Schwingung ist ein elementarer und universeller Lebensvorgang. Ein Gewicht hängt an einer Schnur, es wird angestoßen und schwingt als Pendel hin und her. Hier handelt es sich um einen physikalischen Grundvorgang: Das Gewicht schwingt in eine Steigung, die sich verlangsamt, und umgekehrt in ein Fallen. Der Künstler und Philosoph Hugo Kükelhaus* nennt es die Steige- und die Fallstrebung: »Im Hochsteigen entwickelt sich die Fall-, im Abschwingen die Steigestrebung.« Jedes Steigen enthält Energie, die sich mehr und mehr abschwächt, bis zu einem Ruhepunkt, in dem sich diese Energie in ein Fallen verwandelt. Im Fallen sammelt sich die Energie für erneutes Ansteigen. Dieser Vorgang des Steigens und Fallens ist die Einheit der Schwingung. Jenes Naturphänomen sollten Sie einmal selbst erlebend betrachten, mit einer Schnur und einem Gewicht. Betrachten Sie den Pendelschwung der Schwingung, das Auf und Ab, die Umwandlung der Energie in das Steigen und Fallen. »Schwingung ist etwas Universales«, sagt Hugo Kükelhaus. Schwingung zeigt uns etwas Generelles über Energie, auch über seelische

* Hugo Kükelhaus: »Mit den Sinnen leben«, Jg. 59, Nov. 1980

und körperliche Energie. Wir selbst sind ein Teil von Schwingung, wir setzen Energie ein, die sich aufbaut, zu einem Höhepunkt ausschlägt und sich in einen Abschwung verwandelt. Man interessiert sich für etwas, konzentriert sich, wird aktiv, bis zu einem Punkt, an dem sich die Energie schwächt – und das Pendel schwingt zurück, entspannt sich, tankt neue Energie, schwingt hoch und wieder zurück. Energie erreicht einen Gipfel, entspannt und sammelt sich für einen neuen Gipfel.

Lebendigkeit ist Schwingung, Aktivität und Passivität, in beiden ist Energie. Reden und Schweigen, in beiden ist Energie. Aktivität und Passivität, Extraversion und Introversion, Tat und Nichthandeln, jeweils beides sind Teile der Einheit von Schwingung. Die Schwingung darf nicht gestört werden, um ihre Harmonie und Schönheit zu entfalten. Dieses Grundgesetz (übertragen auf das Leben) bedeutet: Beides muß geschehen können, ohne eine Unterbrechung, ohne Einsatz des Willens.

Ständige Aktivität ist eine Vergewaltigung des Lebens, ständige Ruhe und Passivität genauso. Wir leben in einer sehr aktiven, leistungsorientierten Zeit, die Stille und Ruhe unterbewertet – so kann das Leben nicht schwingen. Wir wollen den Aufschwung steigern und zögern den Abschwung hinaus – und schon ist die Gesamtschwingung gestört. Wir suchen die Extraversion, steigern sie durch innere Anstrengung – und schon ist die Introversion gestört. Andere wiederum suchen die Stille, wollen sie festhalten, dann aber ist der Aufschwung des Energieausdrucks gestört. Wir nehmen Energie auf, aber wir geben sie nicht wieder ab in einem zwanglosen Abschwung, der sich auf der anderen Seite wieder aufbaut.

Wir atmen ein und aus. Wer nur einatmen will, stirbt genauso wie derjenige, der nur ausatmen will, denn Ein- *und* Ausatmen sind der Gesamtvorgang einer Schwingung. Wir brauchen die Anregung zur Aktivität und die Entspannung. Wer sich nur entspannt, nur Ruhe sucht, tötet die Schwingung, er geht nicht mit dem Leben mit. Wir gelangen zu zwei grundsätzlichen Problemen: Entweder klammern wir uns an das Aufsteigen oder an das Fallen der Energie. Der Sinn des Lebens aber liegt in der ganzen Schwingung.

Alle psychischen Vorgänge müssen als Schwingung verstanden werden, auch die Liebe. Es gibt keine Konstanz, keine gleichmäßige Linie. Die ruhige Linie ist der Tod. Auch die Liebe ist nichts Konstantes, auch sie baut sich auf, erreicht einen Gipfel, entspannt sich zurückschwingend, um sich wieder neu aufbauen zu können.

Wir müssen unser Leben (Geist, Seele und Körper) als Schwingung begreifen, um die Harmonie der Lebendigkeit zu erreichen. Wer in der Schwingung lebt, wer sie mitfühlend in jedem Augenblick erfaßt und sich niemals eingreifend dagegen stemmt, weder im Energieaufbau noch im Abschwung, nur derjenige lebt ohne jegliche Reibung, er ist im Einklang mit seiner Lebendigkeit, er bleibt jung, elastisch und vital, sowohl geistig, seelisch als auch körperlich. Im Verständnis der Schwingung liegt ein großes natürliches Geheimnis, das in seiner Bedeutung leider nicht voll erkannt wird.

Wir müssen lernen, tief in uns hineinzulauschen, auf die Schwingung unseres Lebens, unserer gesamten Existenz. Den Rhythmus erfühlen und mitgehen in jeder Stunde, den ganzen Tag, in der Woche, über die Monate und Jahre. Mitgehen, mitfühlen, eingehen, aufgehen, das heißt glücklich werden. Der Rhythmus unserer persönlichen Schwingung ist unser privates Zeiterleben, das völlig unabhängig von der physikalischen Zeit ist, denn die physikalische Zeit ist etwas Mechanisches. Jeder Mensch hat seine individuellen Schwingungen, er erlebt seine Energie, die sich entfalten will, die sich verbraucht und von der Steigestrebung in die Fallstrebung übergeht. Die Steigestrebung (Energieentfaltung) ist genauso wichtig wie die Fallstrebung (Energierückgewinnung = Ruhephase) für den universalen Vorgang des Lebens. Wer mit sich selbst in Verbindung ist und seine Befindlichkeit erfühlt, wird sich der Steigestrebung hingeben und sich danach vertrauensvoll in die Fallstrebung hineinfallen lassen, um mit neu gebildeter Energie wieder in die nächste Steigestrebung hineinzuschwingen. Kein anderer darf diesen Rhythmus stören, niemand darf sich hier einmischen, damit sich die Lebensenergie eines Menschen in seiner subjektiven Schwingung voll entfalten kann.

Das persönliche Zeitgefühl wird leider nicht ernst genug genommen. Wir lassen die Uhr allzuoft in unsere Lebensschwingung hineindiktieren. Im Berufsalltag läßt sich das oft nicht ändern, aber in der Freizeit sollten wir auf unsere subjektiven Steige- und Fallstrebungen lauschen und mit Körper, Seele und Geist mitgehen. Dann entschwindet die physikalische Zeit, und wir spüren ein Aufgehen in einem anderen Zeitempfinden. Die Zeit scheint dann stillzustehen, wir gehen völlig auf in dem, was geschieht, und es herrscht Zeitlosigkeit im Erleben (während die Uhr natürlich mechanisch weitertickt). Im tiefen Erleben unserer Gegenwart gelangen wir in den Zustand der Liebe und Meditation. Nicht nur Ruhe und Stille sind Meditation, auch aktives Erleben ist Meditation. Meditation ist der Gesamtvorgang der Schwingung, also Fallen und Steigen. Wer in dieser Schwingung aufgeht, gelangt in eine ganz andere Zeitdimension, in der Vergangenheit und Zukunft zurücktreten und Gegenwart entsteht. Einsatz von Energie ist genauso lebendige Gegenwart wie das Hineinfallen in Passivität, in der sich neue Energie bildet. Aller Zwang hat dann ein Ende. Es bedarf dann keiner »Selbstdisziplin« mehr durch Einsatz des Willens, denn die Lebendigkeit ist Schwingung, sie trägt ihre Disziplin in sich selbst, wenn wir uns ihr vertrauensvoll überlassen.

Wie uns die Gegenwart
genommen wird

Auch der Nachtschlaf ist Gegenwart, der als Pendel-schwung in die Regenerationsphase ein Teil der Lebens-schwingungen ist. In den vierundzwanzig Stunden Tag und Nacht verbrauchen wir etwa acht Stunden für den Schlaf, acht Stunden für das Tätigsein, um unseren Le-bensunterhalt zu sichern, und acht Stunden »freie Zeit« für unser privates Leben. Für die meisten Menschen sind die acht Stunden Berufstätigkeit eine unangenehme Pflichterfüllung, zu der sie sich mehr oder weniger zwin-gen müssen.

Selbsterfüllung und Lebensentfaltung ist im Beruf vie-len nicht möglich. Es gibt leider nur wenige Mitmen-schen, die ihren Beruf als Berufung sehen und die mit Liebe und Freude auch den Beruf als ihr »wirkliches Leben« beschreiben können. Für die Mehrzahl der Be-rufstätigen wird ihre Tätigkeit zur langweiligen, öden und stumpfsinnigen Pflichterfüllung. Sie verkaufen ihre Ar-beitskraft, um ihren Lebensunterhalt bestreiten zu kön-nen. Die Erkenntnisse der Arbeitspsychologie, Motiva-tionsforschung und Persönlichkeitspsychologie konnten daran bis heute nichts ändern. Auch die Arbeitserleichte-rungen durch Maschinen und Computer haben daran nichts geändert. Das Berufsleben wird nach wie vor dik-tiert von den Terminen der physikalischen Zeitmessung.

Körper und Geist sind verplant in Zeitabläufe und Verpflichtungen.

Nach Abzug von sechzehn Stunden (Schlaf plus Beruf) bleiben uns also in der Regel noch acht Stunden Freizeit. Rechnen wir eine Stunde für Morgentoilette, Frühstück und Fahrzeit ab und zwei Stunden für Einkäufe, Kochen und sonstige häusliche Verpflichtungen, bleiben nur noch fünf Stunden übrig.

Um diese fünf Stunden geht es, denn sie könnten genutzt werden für ein wirklich authentisches Leben, ein Leben ohne jede Fremdbestimmung. In dieser Zeit könnte das gelebt werden, was wir wirklich gerne tun, was wir aus uns selbst heraus mit innerer Anteilnahme unternehmen wollen. Diese Gegenwart des lebendigen Erlebens ist allerdings in allerhöchster Gefahr, uns gestohlen zu werden.

Der gefährlichste »Gegenwartsfresser« ist das Fernsehen mit seinem Unterhaltungsangebot. Das Fernsehen ist so verführerisch, weil wir glauben, nach der Berufstätigkeit ein Recht auf Unterhaltung und Zerstreuung zu haben. Es ist eine Art Psychodroge, die uns vom Nachdenken und Fühlen abhält. Wir werden mit einem vorgeführten Leben auf der Mattscheibe konfrontiert. Wir beobachten etwas, sehen, wie andere Menschen etwas erleben, eine Liebe, einen Konflikt, Aggressionen, Gewalt, Krieg, Verbrechen, Ehebruch, Intrige usw. Für uns selbst ist das aber völlig wertlos, denn es ist die Betrachtung eines anderen Lebens – wir selbst bleiben passiv. Lediglich das Gehirn wird beschäftigt und wachgehalten.

Der Wind, der durch die Landschaft weht, wir spüren ihn nicht, die Intrige berührt uns nicht wirklich selbst, der gespielte Konflikt ist nicht der unsere, wir denken uns in ihn nur hinein. Wer geliebt wird, sind nicht wir selbst, wer betrogen wird, sind nicht wir, sondern es ist ein anderer Mensch. Der Rosenstrauß auf dem Tisch duftet nicht, und die »miterlebte« Liebesszene läßt uns selbst alleine und leer zurück.

Wir werden in schneller Bild- und Szenenfolge von vielen Assoziationen an unsere Vergangenheit (bereits Erlebtes) und an unsere Zukunft (Wunsch, Hoffnung) berührt, aber bei keiner Assoziation können wir verweilen, denn es geht weiter und weiter, bis das Gehirn von diesen vielen Fragmenten ermüdet. Als Psychologe halte ich das Fernsehen für sehr schädlich: Es ist ein Lebensräuber – und die meisten sind sich dessen überhaupt nicht bewußt, weil es so bequem und angenehm erscheint, sich von sich selbst ablenken zu lassen.

Aber nicht alleine das Fernsehen ist ein Gegenwartsfresser, auch die Geselligkeit, die wir suchen, um von anderen Menschen umgeben zu sein, weil wir dadurch unserer Einsamkeit entfliehen wollen. Auch der Freizeitsport, das Fitneßtraining, das Hobby können diese gefährliche und letztlich schädliche Funktion einnehmen. Sogar Psychotherapie mit ihren verschiedenen Spielarten kann uns der Gegenwart berauben. Auch die Gespräche mit unserem Partner, wenn wir ihn nicht mehr lieben, kann uns die Gegenwart rauben. Letztlich kann in der Freizeit (in unserer ureigensten Zeit) alles zu einem Gegenwartsfresser werden, wenn wir nicht mit ganzem Herzen aus tiefer innerer Anteilnahme erleben.

Dieser Gedankengang ist vielen Lesern vielleicht etwas befremdlich. Ich versuche ihn deshalb etwas allgemeiner zu erläutern ... Wir sind eine Einheit von Körper, Seele und Geist. Der Körper mag zwar funktionieren und präsent sein, auch das Gehirn mag wach sein und ich sitze, meiner selbst bewußt, am Tisch; ich lebe zwar, und dennoch bin ich nicht in der Gegenwart, nicht wirklich ganz lebendig. Ein Körper vor dem Fernseher, der Bier trinkt und Chips ißt, der sich gedanklich mit einer Filmhandlung beschäftigt, der seelisch sogar mitfühlt, ist dennoch kein ganzer lebendiger Mensch, denn er lebt in diesem Moment nicht ursprünglich sein eigenes Leben.

Das Denken kann uns vom Leben abhalten. Unser Denken, die Instanz, aus der unsere geistige Intelligenz entspringt, kann zum Gegenwartsfresser werden. Unser Denken kann die Gegenwart behindern, zu uns zu kommen. Ein Beispiel soll behilflich sein, das besser zu begreifen: Ein Mensch macht alleine einen Spaziergang in der Natur, er geht einen Feldweg entlang zu einem Waldrand. Er denkt über seine Probleme im Beruf nach, über das, was ein Mitarbeiter gesagt hat, und die Kritik seines Chefs an seiner Leistung. Er macht sich Gedanken über sexuelle Wünsche, die er in seiner Partnerschaft nicht erfüllt findet. Sein Gehirn ist voller Erinnerungen an die Vergangenheit und Vorstellungen, wie es in Zukunft sein könnte. Dieses Denken nimmt ihn gefangen, es wirft ein unsichtbares Netz über ihn, er ist eingesponnen in Erinnerungen, Vorstellungen, Phantasien und zukünftige Pläne.

Währenddessen ist die Gegenwart lebendig von Augenblick zu Augenblick vorhanden, und jeder ist ein Teil davon. Die Schwalben ziehen über ihm ihre Kreise, die Blüten stehen am Wegrand, der Wind umweht die Haare, eine Libelle schwebt vorüber, der Bach gluckert, und ein Vogel setzt sich auf einen Zaunpfosten. Dieser Mensch geht auf diesem Weg, er registriert das alles aber nur als eine Art Kulisse, denn er sieht nicht, spürt und hört es nicht wirklich. Sein Gehirn ist zwar wach, es arbeitet, aber sein seelisches Erleben wird dadurch daran gehindert, sensitiv zu erleben. Dieser Mensch ist körperlich und geistig zweifellos präsent, er ist nicht tot, sondern lebt – und dennoch lebt er nur fragmentarisch, er lebt nicht ganz, solange seine Seele nicht gegenwärtig ist. Das Denken drängt die Seele zurück, und ein sensitives Erleben der Gegenwart wird nicht möglich.

Ich habe schon mit vielen Menschen Spaziergänge gemacht und immer wieder beobachtet, wie dabei ihre Gedanken um ihre Probleme und Konflikte kreisen. Das Denken ist zwar höchst aktiv, aber sie sehen nichts, hören und riechen nichts. Sie sagen vielleicht kurz: »Ach, schau mal, das ist schön.« Nach diesem Aufblitzen von Gegenwart fallen sie aber sofort wieder zurück in ihr kreisendes Denken. Das Denken ist ein Gegenwartsfresser, es beraubt sie des gegenwärtigen Erlebens. Ihre seelische Sensitivität kommt gegen die Macht des Denkens nicht an. Die meisten Menschen sind sich dessen gar nicht bewußt. Sie wissen nicht, daß sie sich dadurch ihre Gegenwart rauben, denn niemand hat sie darauf aufmerksam gemacht. Deshalb schreibe ich dieses Buch. Der Sinn des Lebens liegt in erlebter Gegenwart, nirgendwo sonst.

Anstöße zur Gegenwart

In den Tagebüchern eines der ganz großen deutschen Maler dieses Jahrhunderts, Julius Bissier (1893 in Freiburg geboren und 1965 in Ascona gestorben), steht 1962 folgende Notiz: »Solange ich jung war, habe ich aus den Affekten gearbeitet – alles erschien als Äußerung des verletzten Geltungswillens. Jetzt, da ich alt bin, kann ich in oder aus dem Affekt überhaupt nichts machen, schon weil der Geltungswille mir eine der fragwürdigsten menschlichen Eigenschaften geworden ist. Was etwas ist, hat Geltung. Und um so mehr, wenn es ohne Anstrengung geworden ist – weil es aus der inneren Notwendigkeit kommt. Hier allein ist die Quelle des Gültigen.«

Julius Bissier war bei dieser Eintragung fast siebzig Jahre alt. Er blickt auf seine Impulse zur künstlerischen Arbeit zurück und erkennt, daß ein verletzter Geltungswille zwar Antrieb zur Aktivität und künstlerischen Arbeit sein kann, er bezeichnet diesen verletzten Geltungswillen aber als »Affekt«. Auf die Unterscheidung zwischen Affekt und Emotion möchte ich hier nicht näher eingehen, aber der Geltungs*wille* selbst ist keine Emotion, sondern ein Wille, den das Denken geschaffen hat. Er ist tatsächlich eine sehr fragwürdige menschliche Eigenschaft, er ist eine Motivation, die den Menschen zwar zur Leistung antreibt, aber die Schwingung des

Lebens aus dem Gleichgewicht bringen kann, weil die Aufstrebung zu sehr beachtet und das Fallen vernachlässigt wird. Bissier schreibt den herrlich einfachen Satz: »Was etwas ist, hat Geltung.« Nicht das Streben nach Geltung ist wichtig, sondern das Erkennen dessen, was ist, denn alleine das hat Geltung. Wenn etwas »ohne Anstrengung geworden ist«, kommt es aus der inneren Notwendigkeit. »Hier allein ist die Quelle des Gültigen«, sagt Bissier abschließend. Vom persönlichen Geltungsstreben über den Geltungswillen kommt er zur Geltung, zu dem, was ist, zur inneren Notwendigkeit und zur Quelle des Gültigen. Geltungswille ist die eine Sache, Gültigkeit aber ist das ganz andere. Geltung wollen, aber gültig sein, zwischen diesen beiden sprachlich so nahe beieinander liegenden Dingen liegt der Konflikt des Menschen.

Wenn jemand Geltung will, dann geschieht das aus dem Denken heraus. Die innere Notwendigkeit aber – darüber kann das Denken nicht entscheiden. Diese innere Notwendigkeit ist die Quelle des Gültigen, das alleine hat auch Geltung unabhängig vom Geltungswillen. Der Wille kann zwar etwas wollen, aber das hat keine Gültigkeit, so lange es nicht aus der inneren Notwendigkeit kommt. Nur was das Innere tatsächlich ist, das hat Geltung. Oder: Nur das, was ist, zählt. Und damit sind wir wieder bei der Gegenwart. Sie allein ist. Die Vergangenheit ist nicht mehr, und die Zukunft ist noch nicht. Es gibt nur eine Gültigkeit, die Geltung hat, es gibt nur ein wirkliches Leben, und das ist gegenwärtiges Erleben.

Alles, was der Geltungswille will, greift störend ein in das, was ist. Geltungswille ist etwas Oberflächliches.

Die innere Notwendigkeit liegt tiefer; sie ist die Quelle unseres Lebens, und dort finden wir den Sinn. Dieser Sinn ist die Quelle des Gültigen. Wir finden ihn nicht im Denken, das nur etwas erdenken kann, das phantasieren, das sich etwas vorstellen oder wollen kann. Der Sinn aber liegt in dem, was ist. Bissier: »Was etwas ist, hat Geltung.« *Nur* das, was ist, hat Geltung, nichts anderes. Das, was ich mir vorstelle, hat keine Geltung, denn es ist nicht das, was ist, es ist nicht real, es hat weder äußere noch innere Notwendigkeit, es ist nicht die Quelle der Gegenwart und des Seins.

Es ist schwer, mit Worten diese so einfache Tatsache darzustellen. Das Problem liegt darin, dem eigenen Denken mit Hilfe des Denkens etwas klarzumachen, wovon gerade das Denken sich so weit entfernt hat. Der Zugang über das Denken ist schwierig, deshalb diese vielen Worte um eine ganz einfache Tatsache.

Der bereits erwähnte Hugo Kükelhaus hat deshalb das Denken einfach umgangen und Objekte geschaffen, die sich direkt an das Erleben der Sinne wenden. Im Juli 1988 wurde in Köln eine Ausstellung seiner Erfahrungsimpulse auf dem Wiesengelände der ehemaligen Pädagogischen Hochschule veranstaltet. In geschlossenen Krügen konnten die Hände nach Federn, Reis, Erde, Filz oder Fell tasten. Seine Kunstwerke führen uns hin zu dem, was ist. Wir brauchen heute diesen Fingerzeig, den ein Indianer oder ein Bergbauer des vorigen Jahrhunderts sicherlich als Banalität belächelt hätte. Beide waren ja an der Quelle des Seins. Im Jahre 1988, in unserem so hochtechnisierten Zeitalter der Medien und Computer aber sind wir es nicht mehr. Das Denken hat uns von den Quellen unseres Inneren und den Quellen der äußeren Phänomene weggeführt. Die Liebe zu dem, was ist, ist uns abhanden gekommen.

Im *Kölner Stadtanzeiger* wurde am 23. Juni 1988 auf die Ausstellung von Hugo Kükelhaus hingewiesen. Die Überschrift lautete: »Hugo Kükelhaus baute 35 Spielanlagen auf Wiesengelände auf«. Alleine in dieser kurzen Überschrift sind zwei gravierende Fehler enthalten. Hugo Kükelhaus baute die Ausstellung nicht auf, denn er war zu diesem Zeitpunkt bereits gestorben, und es handelte sich natürlich nicht um »Spielanlagen«, sondern um Erfahrungen der Realität. Es ist interessant, daß der Rezensent das als Spiel begreift und damit in eine Ecke schiebt, die nicht so ernst zu nehmen ist.

Für mich hat das nichts mit »Spiel« zu tun, es handelt sich um das Ernsteste überhaupt, nämlich um die sinnliche Erfahrung der Wirklichkeit, um das, was ist, um das, was Geltung und Gültigkeit hat. Und das ist völlig unabhängig und frei von einem subjektiven Geltungswillen des Denkens. Hugo Kükelhaus war frei davon, und was er uns zur Selbsterfahrung vorhält, ist frei davon. Die ganz große Kunst ist frei davon, frei von Kommerz, frei von einer weltanschaulichen Absicht, frei von politischen oder religiösen Meinungen. Sie mag pädagogisch insofern sein, als sie uns zu dem hinführt, wie der Künstler subjektiv

Wirklichkeit erfährt und erfahrbar macht. Das ist die für mich einzig legitime Pädagogik – sie ist nämlich frei von einem Erziehungswillen, frei von Dogmen und Meinungen des Denkens. Diese Pädagogik führt uns auf etwas hin und sagt: Erforsche es selbst. Ich gebe eine Tatsache in die Gegenwart, und du allein bist es, der diese Tatsache erfährt und erlebt. Dein Erleben ist das, was zählt, ich selbst aber trete zurück. Anstöße zur Gegenwärtigkeit, darin sehe ich die Aufgabe künstlerischer Arbeit.

Anstöße des Lebens in der Gegenwart
Ein Gespräch

An einem Nachmittag im Juni kommt eine zweiunddrei-
ßigjährige Frau zur Beratung. Sie beginnt sofort das Gespräch, während sie sich setzt.

»Ich bin total durcheinander, völlig verunsichert. Seit
vier Jahren bin ich verheiratet und dachte immer, meine
Ehe wäre glücklich. Vor drei Wochen habe ich einen
Mann kennengelernt, in den ich mich verliebte. Meinem Mann habe ich das gestanden. Er war sehr traurig,
hat geweint und ist am nächsten Tag aus unserer Wohnung ausgezogen; einige Tage später hat er die Scheidung eingereicht. Mit meinem Geliebten habe ich mich
danach fast täglich getroffen, aber es gab immer mehr
Streitpunkte und Konflikte. Ich habe mich jetzt von
ihm getrennt und stehe nun alleine da. Meinen Mann
traf ich danach einige Male im Restaurant zum Abend-
essen, aber er ist nicht bereit, die Scheidung zurück-
zuziehen.

Ich erkenne, daß ich meinen Mann noch liebe, er liebt
mich auch noch, aber das ändert eben nichts an seiner
Enttäuschung. Er besteht auf der Scheidung. Ich bin sehr
unglücklich über alles, was geschehen ist. Ich komme mit
mir selbst, mit meinen Gefühlen und den Gesprächen mit
meinem Mann nicht mehr klar; deshalb bin ich hier. Ich
weiß nicht mehr, wo ich stehe und wie das alles einzuord-

nen ist. Zwischen dem Glück der Verliebtheit und dem Unglück des Scheiterns, in dieser Spannung habe ich mich selber verloren. Was soll ich jetzt tun?«

»Eine Ehe ist durch den Ehevertrag etwas Statisches. Im Ehevertrag ist festgelegt, was als richtig und falsch gilt. Das lebendige Leben aber läßt sich nicht in einen Vertrag pressen. Ich glaube dir, daß du deinen Ehemann liebtest und noch liebst. Und dennoch klopft das Leben immer wieder an die Tür und sagt: Hier bin ich. Der Geliebte war unerwartet plötzlich da, und du hast dich verliebt. Das ist eine Möglichkeit der Gegenwart, die täglich in jedem Moment anklopft; das ist das Wesen der Gegenwart. Mitunter klopft sie nicht einmal an, sondern stürmt einfach herein.

Wenn ein Auto auf dich zurast, springst du spontan zur Seite, weil dich diese Gefahr in die Gegenwärtigkeit hineinstößt und du darauf sofort ohne nachzudenken reagieren mußt. Ähnlich ist es mit der Liebe (sie sollte jedoch keine Gefahr sein). Sie tritt plötzlich völlig unerwartet in dein Leben. Du hast dich zwar einmal vertraglich verpflichtet, deinen Ehemann zu lieben, das schützt dich jedoch nicht vor der Verliebtheit; denn du hast dich trotzdem verliebt. Der Vertrag ist die eine Sache, und das gegenwärtige Erlebnis ist die andere Tatsache.«

»Aber die Verliebtheit ging schnell zu Ende. Warum war das so? Und warum liebe ich meinen Mann immer noch?«

»Wie es den Vorgang der Verliebtheit gibt, so existiert auch andererseits der Prozeß der Entliebung. Verlieben ist das eine, entlieben das andere. Weder das eine noch das andere ist konstant. Das Leben ist lebendig. Es gibt nur das eine Erleben in der Gegenwart. Die Vergangenheit aber ist totes Material, über das sich das Denken hermacht, und auch die Zukunft ist eine Projektion des Denkens. Du stehst in jedem Augenblick in der lebendigen Gegenwart, sie ist die einzige große Herausforderung – die Wirklichkeit. Eine Verliebtheit ist vergangen, sie war einmal, sie ist jetzt totes Material. Ihr hattet Konflikte, die vom Verliebtsein zum Entliebtsein führten. Du besinnst dich jetzt wieder auf deinen Ehemann, der aber die Scheidung eingereicht hat. Das ist die Gegenwart. Er konnte den Einbruch des Lebens in deine Seele nicht akzeptieren, denn er hält sich an den Ehevertrag.«

»Ich weiß nicht, ob er mich wirklich nicht mehr liebt oder ob er nur rational am Vertragsbruch orientiert ist. Was soll ich tun, um ihn zurückzugewinnen?«

»Diese Frage scheint sehr logisch zu klingen. Was kann ich tun, um den alten Zustand wiederherzustellen? Wir wissen beide nicht, ob dich dein Ehemann noch liebt. Er handelte sehr konsequent rational auf den Vertragsbruch: Einreichung der Scheidung. Dieses Verhalten ist unabhängig von Liebe, es kommt aus dem Denken. Vielleicht liebt er dich noch, handelt aber dennoch nicht aus dem Herzen heraus, sondern aus dem Denken.

Lebendigkeit ist mit voller Wucht eingedrungen in deine Ehe: Du hast dich verliebt, du hast dich entliebt, und dahinter kommt wieder die Liebe zu deinem Ehemann zum Vorschein. Gehen wir einmal davon aus, daß es wirklich so ist. Denn auch folgendes wäre schließlich möglich, nämlich daß du deinen Mann gar nicht mehr geliebt hast und deshalb offen dafür warst, dich zu verlieben. Nachdem aus dieser Verliebtheit sich nichts weiteres entwickelt hat, macht dir dein Denken nun vor, daß du den Ehemann immer noch liebst. So *könnte* es auch sein, ohne daß es so sein muß. Du wirst dich damit beschäftigen und dich selbst erforschen.

Wenn das Leben in der Gegenwart da ist, fragt es nicht nach Verträgen, nach deiner Position oder deinem Einkommen, es fragt nicht danach, was du gestern oder heute geleistet hast, wie viele Kinder du hast, nein, es ist das Leben selbst, es ist unabhängig von Regeln, die vom Denken aufgestellt wurden. Das Leben gibt die Anstöße. Als du dich verliebt hast, warst du gegenwärtig, als du dich entliebtest, warst du gegenwärtig. Nun bist du wieder in deinen Ehemann verliebt. Bist du wirklich gegenwärtig? Wenn du es bist, wird er es spüren.

Du bist in deiner Gegenwart, er ist in seiner. Ihr seid zwei getrennte Lebewesen. Deshalb fühlst du jetzt, wie einsam du dastehst. Dieses Gefühl ist lebendige Gegenwart. Du solltest dazu stehen. Du bist zu den positiven Anstößen der Verliebtheit gestanden und hast sie erlebt, nun stehe auch zu den unangenehmen Anstößen der Entliebtheit. Die Verliebtheit begrüßen und empfangen wir gerne, aber die darauf folgenden Konflikte, Spannungen und Reibungen lehnen wir ab. Sie sind aber genauso Wirklichkeit, es sind die gleichen Anstöße an unser Wesen; wir müssen damit genauso leben und uns ihnen genauso stellen. Dem Angenehmen sich zu stellen ist einfach, dem Unangenehmen aber ins Auge zu schauen ist schwieriger. Beides jedoch ist die Gegenwart. Nicht das eine suchen und das andere vermeiden. Beides annehmen, das heißt ganz in der Gegenwart zu sein. Wenn du also deinen Ehemann noch liebst, dann stehe ihm gegenüber zu deiner Liebe. Das ist allerdings keine Gewähr dafür, daß er dich dann zwangsläufig auch wieder lieben müßte. Aber es ist der ehrlichste Vorgang. Klopfe mit deinem Leben bei ihm an, sei in deiner Gegenwart. Er wird mit seinem Lebendigsein darauf reagieren, sofern er lebendig ist. Wenn er vom Denken beherrscht ist, ist er allerdings nicht lebendig. Wenn du vor einer Tür anklopfst, hinter der ein Gefesselter sitzt, wird die Tür nicht geöffnet. Alle Anstöße des Lebens beleben deine Lebendigkeit, und sie können manchmal, nicht immer, sogar seelisch Tote anstecken und aufwecken.«

Fünftes Kapitel

Vom Eros der Gegenwart

»Wo kommst du her?
Wie lange bist du noch hier?
Was liegt an dir?
Unsterblich duften die Linden!«

INA SEIDEL

Auf die zentrale Bedeutung der Gegenwart (im Vergleich zur Vergangenheit und Zukunft) habe ich ausführlich hingewiesen. Es wurde deutlich, daß lebendiges Leben einzig und allein in der Gegenwart stattfindet. Ich betone die Gegenwart und die Erlebnisse im psychischen Zeiterleben, weil diese Tatsache von so großer Wichtigkeit für jeden einzelnen ist. Es mag manchem vielleicht banal erscheinen, daß ich so intensiv auf die Gegenwart hinweise, denn die Gegenwart ist eben »einfach nur« das, was ist, das erscheint so selbstverständlich und ist deshalb eigentlich gar nicht der Rede wert. Und dennoch ist dieses einfachste Wissen um die Lebendigkeit dem zivilisierten Menschen, vor allem dem in viele Zwänge eingespannten Berufstätigen im Alltag, leider abhanden gekommen.

In den vorangegangenen Kapiteln versuchte ich bewußt zu machen, wie uns die lebendige Gegenwart abhanden kommt, wie wir ihrer beraubt werden durch die Initiative der anderen und durch unsere eigene Reaktion darauf. In jedem Moment sind die Lebensräuber um uns, um uns erlebbare Gegenwart wegzunehmen. Und wir selbst beteiligen uns an der Aushöhlung des eigenen Erlebens durch unser Denken, durch die Beschäftigung mit der Vergangenheit und der Zukunft, durch die Beschäftigung mit unlebendiger Zeit. Unser Denken dreht das Tote (Vergangenheit) um und um, etwa durch Grübeln, und behindert so die Gegenwart – und so wird die Beschäftigung mit der Vergangenheit oder der Zukunft in der Regel zur Flucht werden vor der Gegenwart. Das Denken arbeitet mit diesem toten Material, es hält diese Beschäftigung sogar für besonders intelligent. Als Psychologe muß ich darauf aufmerksam machen, daß diese »intelligente Denkarbeit« mit toten Erfahrungen und Kenntnissen (oder Wissen), mit toten Normen, Utopien, Hoffnungen, Erwartungen und Plänen nur intelligent erscheint, aber nicht wirklich intelligent ist. Die Intelligenz des Denkens muß untergeordnet werden einer ganz anderen Intelligenz, der Intelligenz des Erlebens in der Gegenwart, die nicht im Denken des Kopfes zu Hause ist, sondern im Fühlen der Seele.

Dieser Hinweis auf die Gegenwart des lebendigen Erlebens wird mir oft als »Materialismus« angekreidet. Weil ich sage, es zählt nur das, was ist, das im Augenblick Konkrete, das Präsente, nicht das Utopische, nicht das Ideale, nicht die utopische Idee, nennt man mich einen Materialisten, der die höheren Werte der Ideen nicht anerkennen würde. Ich sage unbeirrt: Es gibt nur eine wirkliche Realität – und das ist die Gegenwart!

Ich bin kein Idealist, also kein Verfechter von Ideen und Idealen. Ich behaupte, sogar Ideale sind der Weg ins Unglück. Deshalb lehne ich alle Ideale völlig ab. Das aber bedeutet wiederum nicht, daß ich Aggressionsfreiheit, Frieden, liebevolles Mitgefühl, Gleichheit und Brüderlichkeit verurteilen würde. Es wäre ein Trugschluß des Denkens, wenn Idealismus abgelehnt wird, daraus dann voreilig zu schließen, daß damit das Gegenteil des Ideals oder der Utopie verfolgt würde. Natürlich bin ich für Gewaltfreiheit, für Frieden, Liebe und die positiven Wertvorstellungen, welche Philosophen, Religionsstifter, Propheten und Visionäre benannt und beschrieben haben. Es gibt keinen vernünftigen Grund, dagegen zu sein. Weil ich auf die Tatsachen der Gegenwart verweise, auf das, was wirklich ist, bin ich keineswegs *gegen* das, was meist nicht ist, nämlich die Ideale und Utopien, die nicht sind, weil sie vom Denken erfunden sind.

Selbstverständlich bin ich für die Gewaltfreiheit und die liebende Einfühlung in den Mitmenschen. Ich bin für Gleichheit, Toleranz und Freiheit. Aber was nützt und bedeutet das in der Wirklichkeit des gegenwärtigen Augenblicks? Spüren Sie, was ich damit meine? Spüren Sie, daß es mir nicht um einen platten Materialismus geht? Unter »Materialismus« versteht man ein Verhaftetsein am Materiellen, ein egoistisches Streben nach materiellem Vorteil auf Kosten der anderen. Das aber meine ich gerade nicht, wenn ich auf die Bedeutung der Gegenwart hinweise. Es geht dabei nicht darum, den anderen etwas Materielles wegzunehmen. Unsere Begriffe sind so sehr von positiven oder negativen Bedeutungen geprägt, dieser ganze Schutt muß erst weggeräumt werden, damit die Klarheit und Wahrheit wieder unverfälscht hervortreten kann. Ich will versuchen, das verständlich zu machen. Bitte verlieren Sie nicht die Geduld, wenn ich mich wiederhole, denn das dient nur dem Zweck, unter einem veränderten Blickwinkel die Aufmerksamkeit wieder neu zu wecken.

Die Gegenwart, die einzige konkrete Realität dessen, was ist, hat nichts mit Materialismus zu tun. Materie ist das Tote, das uns umgibt. Da alles dennoch der Veränderung unterliegt, bewegen wir uns lebendig als *beseelte* Materie im Materiellen. Die Veränderung ist das Lebendige. Wir selbst bestehen körperlich aus Materie, und wir bewegen uns seelisch im lebendigen Augenblick dazwischen. Das Lebendige ist unser Seelenleben. Wir sind nicht *nur* Materie, die sich nach physikalischen Gesetzen bewegt, sondern wir sind vor allem auch Fühlende. Das Fühlen macht die Lebendigkeit aus. Denken ist kein Fühlen. Weil wir denken, sind wir nicht lebendig. Das Materielle ist, was es ist, es fühlt nicht. Im gegenwärtigen Fühlen liegt das beseelte Leben.

Das Fernsehen beispielsweise vermittelt nichts *wirklich* Präsentes. Unsere Gedanken auch nicht. Es gibt nur die eine Gegenwart, die jetzt in diesem Moment präsent ist. Die sensitive Seele kann sie erfassen und erfahren, dieser Vorgang ist Leben, alles andere ist kein wirkliches Leben. Ich bezeichne dieses sensitiv erfahrene wirkliche Leben als »Eros der Gegenwart«.

Die Wirklichkeit der Gefühle

Neben der äußeren Wirklichkeit existiert gleichwertig die innere Wirklichkeit des Seelischen. Die Gefühle sind etwas völlig Reales und Konkretes, obwohl sie nicht materiell sichtbar sind und sich der naturwissenschaftlichen Methode des Zählens und Messens weitgehend entziehen. Es ist ein großer Trugschluß, dem leider sowohl die Wissenschaftler als auch der »normale Bürger« unterliegen, die Gefühle der Innenwelt hätten etwas mit »Gefühlsduselei« oder »Sentimentalität« zu tun. Darauf bin ich in meinen bisherigen Büchern immer wieder eingegangen.

Ich werde nicht müde zu betonen: Es geht darum, wirklich intensiv zu fühlen, was man fühlt. Die meisten Menschen, vor allem die rational orientierten Männer, neigen dazu, die Welt der Gefühle abzuwerten (»das sind ja *nur* Gefühle«), so, als hätten Gefühle eine geringere Bedeutung, als wären sie »irgendwie nicht ganz wirklich«. Wir vertrauen mehr einem Gedanken, der logisch erscheint, und glauben, daß logisches Denken wirklicher wäre als Gefühle. Ich behaupte, ein Gedanke, so logisch er auch sein mag, ist *nur* ein Gedanke, er besitzt *nur* eine gedankliche Wirklichkeit. Dagegen ist ein Gefühl aber nichts Gedachtes, ein Gefühl hat seine Wurzeln in der Wirklichkeit.

Auch eine Erinnerung, die im Gedächtnis gespeichert war, kann hervortreten und Gefühle auslösen. Die Erinnerung ist nicht die Wirklichkeit. Das Gefühl entsteht, weil die Erinnerung ihre Wurzeln einmal in der Wirklichkeit hatte. Aus dieser Wurzel gelangt das Gefühl in das gegenwärtige seelische Erleben. Das Nachdenken über die Vergangenheit, dieser so weitverbreitete und geschätzte Vorgang des Denkens, ist nicht deshalb sinnvoll, weil das Denken aktiv ist, sondern weil über die Wurzeln die Gefühle wieder aufsteigen. Diese Gefühle zu beachten, das wäre wertvoll. Statt dessen wehren die meisten Menschen diese Gefühle (eben als »Gefühlsduselei«) nun wiederum ab und ziehen sich auf das Denken zurück. Man macht sich Gedanken. Es gilt als erstrebenswert und intelligent, es ist angesehen, sich Gedanken zu machen. So schneidet man sich erneut ab von den Wurzeln zur Wirklichkeit.

Das Denken beginnt zu kreisen, Grübeln beginnt. Das Denken muß sich im Kreise seiner Logik drehen, wenn die Gefühle abgespaltet werden. Das Denken besitzt seine eigene Logik, es bewegt sich in seiner kognitiven Eigenwelt – die Gefühle aber bewegen sich in einer ganz anderen Welt, in der nicht die Logik des Denkens angebracht ist, sondern – wenn überhaupt eine Logik – Psycho-Logik. Wer psycho-logisch vorgeht, gelangt näher an die Wirklichkeit als derjenige, der nur rational-logisch sich selbst und seine Umwelt verstehen will.

Das Denken dient der Einordnung, der Zeitplanung, der Strategie, aber die Psycho-Logik der Gefühle, also des

Seelischen, ist die Basis. Zuerst sollte die Basis sein, zuerst also die Welt der erlebten Gefühle, danach kann sich das Denken darüber hermachen – oder natürlich besser nicht. Die Gefühlswelt braucht nicht das Denken, denn sie ist das Primäre, das Rationale aber ist das Sekundäre, das erst tätig werden kann, wenn das Primäre bereits geschehen ist.

Emotionen sind Wirklichkeit, sie sind unsere Basis. Es besteht kein Grund, darüber »als Intellektueller« abwertend die Nase zu rümpfen. Die Wirklichkeit hat Vorrang. Wir sind Lebewesen in der Wirklichkeit. Je näher wir an der Wirklichkeit sind, ich meine jetzt als private, ganz persönliche Lebewesen, nicht als Naturforscher, als Soziologen, Psychologen, Politologen, Meinungsforscher, Konfliktforscher, Anthropologen oder Philosophen, ich meine den Menschen als Individuum, je näher wir bei dieser Wirklichkeit sind, nämlich am eigenen aktuellen Erleben, desto mehr erkennen wir, was es dann heißt, authentisch zu sein.

Es geht nicht darum, Gedanken zu äußern, sondern es geht darum, ganz zu sein. Wer nur seine Gedanken ernst nimmt, aber seine Gefühle ausklammert, ist nicht ganz in der Wirklichkeit. Er löst sich vom Seelischen seiner Innenwelt los. Die Gefühle unserer Innenwelt sind die ganz konkrete Wirklichkeit. Authentisch sein, das heißt, diese Wirklichkeit anzuerkennen und aus ihr heraus zu handeln. Authentisch sein, das heißt, sich selbst anzunehmen. Sich selbst anzunehmen, das eigene Zentrum zu erleben, das ist keine »egoistische Nabelschau«. Wirklich fühlen, es ausfühlen, was man fühlt, das ist sehr konkret und keineswegs weltfremd, sondern absolut weltnah. In diese Wirklichkeit hineinzugehen, das bedeutet, daß man sich selbst ernst nimmt. Und man muß sich selbst ernst nehmen! Was soll ich von einem Revolutionär halten, der seine sozialen Theorien ernst nimmt, der die politischen Verhältnisse ändern will, aber sich selbst und seine eigenen Gefühle nicht ernst nimmt? Was nützt mir eine Philosophie oder Psychologie, die gedanklich eine Theorie erfindet, die schön, gut und richtig erscheint, wenn sie keinen Bezug zur Realität meiner eigenen Gefühle hat?

Diese gesamte Betrachtung erscheint vielen vielleicht etwas abstrakt. Deshalb zurück zu den persönlichen Gefühlen. In unseren Gefühlen sind wir authentisch. Wir fühlen sie – und es ist völlig in Ordnung, sie ernst zu nehmen. Wenn ich Wut fühle, dann darf ich nicht davor ausweichen, weil das Denken Wut für falsch hält, sondern muß die Wut als Wirklichkeit aufmerksam betrachten. Das Gefühl der Wut ist eine seelisch-emotionale Wirklichkeit. Wut ist konkret und real. Wut ist etwas, das in mir real vorhanden ist. Nicht wütend sein zu sollen, das ist ein Ideal. Die Wut aber ist real.

Ich fühle beispielsweise Neidgefühle. Sie sind real. Ich bin neidisch. Das gehört konkret zu mir. Das Ideal aber sagt: Sei nicht neidisch! Ich bin aber neidisch, ich fühle Neid. Neid ist Wirklichkeit, nicht neidisch sein zu wollen, das ist Theorie.

Ich fühle, wie ich fühle, aber die Instanz des Denkens sagt mir: Wie du fühlst, das ist nicht richtig. So spalten wir uns von der Wirklichkeit ab, wenn wir etwas fühlen und dann schnell wegsehen, indem wir sagen: »Aber das sollte nicht so sein.«

Die Rose blüht rot, aber das Denken sagt, sie sollte nicht rot sein, sondern gelb. So gesehen, erscheint dieser Vorgang absurd. Das eine ist, aber ich will nicht, daß es so ist. Das Denken gestaltet es um. Warum will ich es umgestalten? Kann ich es nicht so lassen, wie es ist? Warum muß sich das Denken immer einmischen? Ich behaupte, es geht darum, die Wirklichkeit des Fühlens anzunehmen. So wie es ist, so ist es nun einmal. Das sage ich in bezug auf die abgewehrten Gefühle wie Neid, Wut, Angst, Melancholie und Trennungsschmerz. Ja, die angenehmen Gefühle, wie Liebe, Freude, Hoffnung und Verbindung, die nehmen wir gerne an. Ich kann aber doch nicht in meiner Innenwelt der Gefühlsdimension das eine begrüßen, aber das andere, das auch dazugehört, abtrennen. Beides ist die Wirklichkeit des Seelischen. Solange wir nicht beides aufnehmen, kann sich Wirklichkeit nicht voll entfalten.

Authentisch sein heißt, die Ganzheit anzunehmen. Ganz sein heißt Fühlen, Denken und Handeln im Bezug zur Wirklichkeit. Und Wirklichkeit geschieht fernab von Idealen meines Denkens.

Die Wirklichkeit der Außenwelt
und des Denkens

Der Schriftsteller und Maler Lothar-Günther Buchheim beschreibt seinen Garten in dem Buch »Die Tropen von Feldafing«* mit der Begeisterung eines Menschen, der seine Außenwelt mit den Sinnen aufnimmt: »So wie der Garten jetzt ist – in dieser Herbststimmung mit dem Gestrüpp verblühter Stauden, das ich noch nicht wegnehme, weil ich es im Winter reifbedeckt vor dem Fenster haben will –, so sehe ich ihn am liebsten. Wenn diese Umbrafarben, diese Sepiatöne, diese ganz verschiedenen Brauns bis hin zum Paynesgrau in den Garten Einzug gehalten haben, wenn die morgendlichen kalten Grüns hinzukommen, wenn gar noch Tau an den Gräsern hängt und die Wiese aussieht, als hätte es schon geschneit, ist der Garten ein Album aus tausend Bildern. Auch neue Formen beschert der Garten jetzt: Man muß bloß mal so einen vom Föhnwind zusammengewehten Laubhaufen genauer ins Auge fassen. Was gibt es da nicht alles an Gekräuseltem, bizarr Verdrehtem, Zerfranstem, Gezacktem!«

Man spürt in diesem Text etwas von der faszinierenden Ausstrahlung der Außenwelt, die, wahrgenommen über

* erschienen 1988 im Deutschen Taschenbuch Verlag, Erstausgabe 1978 im Piper Verlag

unsere Sinne, in die Innenwelt gelangt. Im April 1918 schrieb Hermann Hesse ein Gedicht, das diese Freude an der Außenwelt wiedergibt:

> »Voll Blüten steht der Pfirsichbaum,
> nicht jede wird zur Frucht,
> sie schimmern hell wie Rosenschaum
> durch Blau und Wolkenflucht.
>
> Wie Blüten gehn Gedanken auf,
> hundert an jedem Tag –
> laß blühen! Laß dem Ding den Lauf!
> Frag nicht nach dem Ertrag!
>
> Es muß auch Spiel und Unschuld sein
> und Blütenüberfluß,
> sonst wär die Welt uns viel zu klein
> und Leben kein Genuß.«

Die Betrachtung eines Pfirsichbaums im Frühling ist ihm ein Gedicht wert, eine Huldigung an die sinnlich erlebte Außenwelt, an die uns umgebende Natur: »Voll Blüten steht der Pfirsichbaum, sie schimmern hell wie Rosenschaum.« Das zu sehen, es aufmerksam anzuschauen, macht glücklich. Das aufmerksame Betrachten der Wirklichkeit ist ein erotischer Vorgang. Daran anschließend regt sich beim Autor das Denken: »Nicht jede wird zur Frucht.« So viele Blüten, so viel Rosenschaum, aber ein kritischer Gedanke schiebt sich dazwischen: »Nicht jede Blüte wird zur Frucht.« So denkt beispielsweise ein Eigentümer des Baumes, der auf Ertrag aus ist und sich von den Früchten einen Gewinn ausrechnet. Hermann Hesse ist allerdings Dichter und kein Mensch des Kommerzes. Deshalb: »Wie Blüten gehn Gedanken auf ... laß blühen! Laß dem Ding den Lauf! Frag nicht nach dem Ertrag!« Gedanken sind wie Blüten, sie blühen auf, aber nicht aus jedem Gedanken wird eine Frucht, denn »es muß auch Spiel und Unschuld sein und Blütenüberfluß«. Gedanken sind wie Blüten, wie ein Spiel, auch sie sind Blütenüberfluß. Gedanken besitzen eine ihnen eigene Wirklichkeit, sie sind Gedankenspiel, mehr nicht. Dieses Spiel muß auch sein. Mit dem Gedankenspiel sollten wir gelöst umgehen – und nicht deshalb, weil es Gedanken sind, sie *überbewerten*. So relativiert können Gedanken zum »Blütenüberfluß« werden.

Ich variiere deshalb jetzt: Laß denken! Also laß das Denken denken und Gedanken Ideen produzieren, und laß dem Ding Gedanken seinen Lauf. Das Denken muß nicht zurückgedrängt werden; es geht nicht um eine Verteufelung des Denkens. Laß das Denken seine Blüten produzieren, auch diese Blüten sind als Ding zu betrachten. Das Gehirn ist ständig aktiv, es steht ständig in voller Blüte. Aber vergiß nicht, daß es sich bei jedem Gedanken um eine Blüte handelt; es muß auch Spiel sein und Gedankenüberfluß. An Gedanken besteht wahrhaftig kein Mangel, das Denken produziert sie ohne Unterlaß. Solange wir das als ein Spiel sehen, können diese Gedanken keinen Schaden anrichten: »Sie schimmern hell wie Rosenschaum durch Blau und Wolkenflucht.«

Die Wirklichkeit der Außenwelt hat eine große Kraft der Faszination. Die Außenwelt, die über die Sinne in unsere Seele gelangt, ist die elementare Wirklichkeit dessen, was ist, sie vermittelt uns etwas vom Sein, in das wir hineingeboren sind als Gast in dieser Welt. »Voll Blüten steht der Pfirsichbaum, sie schimmern hell wie Rosenschaum.« Das ist so, gleichgültig, ob ein sehender und denkender Mensch sie sieht oder auch nicht sieht.

Dann tritt der Mensch mit seinen Gedanken dazu. Solange er nur schaut, bleibt alles in Ordnung. Nun kommen aber seine Gedanken hinzu, Gedanken daran, daß nicht jede Blüte zur Frucht wird: Er überlegt, wie aus mehr Blüten Früchte werden könnten. Hier hört das Spiel auf. Die Gedanken aber sind im Grunde (im Wesen) nur Spiel, sie sind ja auch nur Blütenüberschuß. Können wir das so losgelöst vom Ertrag sehen? Können wir wirklich den Gedanken ihren Lauf lassen und Hunderte an jedem Tag als ein Spiel der Natur sehen, der Natur, die uns ein solches Gehirn gab, das solche Gedanken produzieren kann? Können wir die Gedanken so sehen: »Es muß auch Spiel und Unschuld sein und Blütenüberfluß«? Jeden Gedanken betrachten als ein Blüte, welche die Natur in uns hervorbringt? Jede Idee als eine solche Blüte genau anschauen, als ein Ding, als ein Stück Wirklichkeit, aber wohlgemerkt nur gedanklicher Wirklichkeit?

Wir müssen unterscheiden zwischen der äußeren Wirklichkeit der Dinge der Natur und Lebewesen, unserer inneren Wirklichkeit der Gefühle und der Wirklichkeit der Gedanken. Alles Äußere besitzt eine (mehr oder weniger) erotisierende Qualität. Alles Innere ist unsere Reaktion auf dieses Äußere. Die Gefühle und Gedanken (also das Innere) eines anderen werden für uns als Betrachter zu etwas Äußerem. Es kann uns erotisch anziehen oder abstoßen. Wir selbst sind in unserer subjektiven Innenwelt Gefühl und Gedanke. Das Gefühl ist tatsachenorientiert, der Gedanke nicht. Mit den Gefühlen reagieren wir auf Tatsachen, mit den Gedanken produzieren wir etwas von den Tatsachen Unabhängiges, denn Gedanken sind *neue Dinge*. Gefühle entstehen aufgrund eines Bezugs zu dem, was ist, Gedanken schaffen etwas Neues, das mit dem, was ist, entweder mitgeht oder sich dem in den Weg stellt. Deshalb sind Gefühle näher an der Realität als Gedanken. Wer fühlt und sich seinen Gefühlen überläßt, ist in der Realität, so nahe wie ein Lebewesen das nun mal sein kann – es kann sich nur *annähern*. Mit den Gedanken entfernen wir uns von der Realität. Wenn wir sie spielerisch als Dinge (Geistesprodukte) sehen, können wir mit diesem Abstand ihre eigene Realität sehen und damit gefühlsbezogen, also realitätsbewußt darauf reagieren. Wenn wir das aber nicht sehen, dann entfernen wir uns mehr und mehr von der wirklichen Realität.

Die Dinge der Außenwelt sind das wirkliche Wirklichste, die Gefühle sind der erotische Bezug unserer Seele dazu, und die Gedanken sind eine eigene Wirklichkeit, die Dinge des Denkens. Wenn die Gedanken nicht als Gedankenspiel gesehen werden, werden sie zu etwas

Störendem. Wirklichkeit sind die gesehenen Blüten, die Gedanken über die Blüten, diese sekundäre Wirklichkeit, sind nur ein Spiel, eine Laune der Natur. Wenn diese Gedanken aber die Macht übernehmen und sich über die Gefühle wie eine Krake legen, werden sie zu einem erlebnistötenden Störfaktor. Die Unschuld geht verloren, und das Leben ist kein Genuß mehr. Wie sagt Hermann Hesse? »Laß blühen.«

Laß dem Ding seinen Lauf! Frag nicht nach dem Ertrag. Das Denken aber fragt nach dem Ertrag. Dann kann die Natur für uns nicht mehr so sein, wie sie ist, und sie kann uns auch nicht ganz beglücken, wie sie ist. Dieses Denken, das als sekundäre Wirklichkeit hinzukommt, dringt in alles Primäre ein. Das Drama des Menschen ist sein Ringen zwischen erotischer Anziehung an das Primäre, aber andererseits sein Lauschen auf die Gedanken, die, wenn sie ernster genommen werden, nicht mehr Spiel und Unschuld sind. Die Gedanken greifen in unser sensitives Erleben ein, sie lassen den Dingen nicht ihren Lauf, und die Unschuld der Liebe wird verloren ... »und Leben kein Genuß«.

Gibt es eine Wirklichkeit
hinter den Tatsachen?

Vor einigen Tagen besuchte mich ein Physiker, der vor drei Jahren, mit fünfundvierzig, seinen Job in der wissenschaftlichen Forschung aufgab, um der »Metaphysik zu leben«, wie er sagte. Er besuchte in Indien einige Gurus, um herauszufinden, welche Wirklichkeit hinter der subjektiv erfahrbaren und mit wissenschaftlichen Methoden meßbaren objektiven Wirklichkeit verborgen ist.

Er sagte, daß er heute den »Wert des Subjektiven« wieder zu schätzen wüßte und jetzt wieder einen lebendigen Bezug zu sich selbst herstellen könnte. Zuvor hätte er alles Subjektive als »nur subjektiv« arrogant abgewertet, aber er hätte erkannt, daß die naturwissenschaftliche Forschung zwar eine objektivere Wirklichkeit erfassen könnte, diese Realität in der Sprache der Zahlen und Formeln auch festmachen könnte – das wäre alles schön und gut –, aber es würde ihn heute nicht mehr befriedigen, so weit weg von der sinnlichen Erfahrbarkeit des Subjektiven entfernt zu sein. Er sagte wörtlich: »Ich hatte immer das Gefühl, hinter der Wirklichkeit, die wir erleben, ist noch eine andere Wirklichkeit, dahinter steht etwas Kosmisches, etwas Zusammenfassendes, eine Energie und Kraft, ein schöpferisches Prinzip. Es war mir zu ungenau, das als Gott zu bezeichnen und es dabei dann bewenden zu lassen. Ich habe mehrere Religionen geprüft, aber konnte auch in diesen in Dogmen erstarrten Institutionen nicht das Eigentliche finden, das ich suchte.«

Wir unterhielten uns mehrere Stunden über dieses Thema, und ich spürte, daß er danach drängte, nun herauszufinden, ob ich ihm als »Psychologe« mit meinem »psychologischen Ansatz«, das menschliche Leben zu erforschen und zu erklären, eine Antwort bei seiner Suche geben könnte.

Ich sagte ihm, daß ich weiß, was er sucht. Von der subjektiv erfahrbaren Wirklichkeit auszugehen, sie subjektiv zu erleben, das halte ich für richtig, und es käme mir deshalb nie in den Sinn, etwas Erlebtes als »nur subjektiv« zu bezeichnen. Wir müssen als Person zu dieser Subjektivität und zu unserem Selbst stehen. Unsere Aufgabe als Individuum ist die Selbstfindung; sie steht an erster Stelle. Das hat überhaupt nichts mit Egoismus oder Egozentrik zu tun; die Selbstfindung führt zur Selbstfühlung. Wir beginnen, mit uns selbst in Fühlung zu treten und unsere innere Wirklichkeit wahrzunehmen. Ob diese Wirklichkeit *etwas Objektives* ist oder nicht, das spielt zunächst einmal gar keine Rolle. Wenn wir in Selbstfühlung unsere Umwelt über die Sinne wahrnehmen, also mit unserer Ganzheit als Person erfassen, kann das sinnlich Erfahrbare tief in uns eindringen und durch uns hindurchfließen. Es muß nichts festgehalten werden; Seelenleben ist unabhängig vom Gehirn, es braucht kein Gedächtnis. Das Denken dagegen ist auf das Gedächtnis angewiesen, es arbeitet mit dem gespeicherten Wissen, den Erfahrungen und Kenntnissen. Seelenleben aber braucht kein Gedächtnis; Gefühle sind stets aktuell und neu. Das Denken vergleicht, das Seelenleben ist frei vom Vergleich.

Wer in Selbstfindung ist und lebendiges Seelenleben zuläßt, gelangt zur Seinsfühlung. Die Dinge um ihn herum beginnen sich in einem anderen Licht zu offenbaren. Diese sinnlich erfahrbare Wirklichkeit ist konkret. Aber dieses Konkrete erhält im Seelenleben (nicht im Denken) eine Transparenz, es scheint etwas hindurch, das über unsere alltäglichen Sorgen, Konflikte und Probleme hinausweist. Wir sind befähigt, mit unserer Seele etwas zu empfangen, was das Denken mit seiner sachlich-wissenschaftlichen Einstellung nicht empfangen könnte. Diese Seinsfühlung kann man nicht lehren.

Es gibt Menschen, die das Erlebnis der Seinsfühlung nicht kennen und, wenn darüber gesprochen wird, das als spirituellen Unsinn abtun. Viele haben allerdings schon Momente der Selbst- und Seinsfühlung erlebt. Sie schildern dieses Ereignis als etwas sehr Kostbares. Sie fühlen sich in diesem Augenblick frei, gelöst und getragen von einer Energie, die das Leben plötzlich unkompliziert und leicht erscheinen läßt. Es entsteht ein Gefühl von Geborgenheit inmitten des Trubels der Ereignisse, in aller Unsicherheit. Angstgefühle sind völlig verschwunden, und in dieser Geborgenheit fühlt man sich »selbstsicher, frisch und wie neugeboren«. Man wäre sogar bereit, in diesem Augenblick zu sterben. Es entsteht ein Gefühl der Erfüllung inmitten aller Unerfülltheit der Wünsche, Hoffnungen und ungelösten Probleme. Man ist von einer Energie erfaßt und getragen, die man nicht selbst geschaffen hat. In dieser Selbstfühlung, die Seinsfühlung ermöglicht, wird man im Seelenleben zu einer Durchgangsstation für die Energie des Lebens, die in dieser Welt ist, die aber nicht jedermann sichtbar und ergreifbar ist. Dieses Gefühl, wenn wir selbst in unserem Wesen sind und das Wesen der Dinge sich zu offenbaren beginnt, ist das Wesentliche. Es kann zum Wesentlichsten eines ganzen Lebens werden.

Vor kurzem unterhielt ich mich mit einer krebskranken sechzigjährigen Frau, die wußte, daß sie voraussichtlich nicht mehr länger als ein halbes Jahr leben würde. Sie sagte mir: »Ich lasse jetzt oft mein ganzes Leben an mir vorüberziehen. Ich habe viel erlebt, es ist viel geschehen in den zurückliegenden sechzig Jahren – aber woran ich immer denken muß, ist ein Erlebnis in meiner Jugend. Ich lief alleine mit Schlittschuhen auf einem zugefrorenen See. Es war ein nebliger, kalter Winterabend. Ich ließ mich auf dem Eis dahingleiten, der Himmel war am Horizont gerötet von der untergehenden Sonne. Von ferne hörte ich einige Kinder rufen und lachen. Aus den Häusern am Ufer stieg der Rauch in den Himmel. Ein Vogel flog vorbei. Ich war ganz eins mit mir, meinem Körper, meinen Bewegungen, der Luft und dem Atem. Ich fühlte mich so leicht und glücklich. Ich dachte, die Welt ist schön, und es wird alles gut. Ich sagte vor mich hin: Lieber Gott, ich danke dir, daß ich so glücklich bin, daß mein Herz fast zerspringen will vor Glück. Ist das nicht seltsam, daß ausgerechnet dieses banale Erlebnis mir heute im Rückblick als das Allerwichtigste erscheint? Wichtiger als mein Schulabschluß, wichtiger als meine erste Liebe, wichtiger als meine Heirat und die Geburt meiner Tochter. Wichtiger als das Haus, das wir gebaut haben?«

Ich finde das nicht seltsam oder verwunderlich. Solche Erlebnisse, in denen sich das eigene Wesen dem Wesen des Seins öffnet, ist ein geöffnetes Fenster zur Welt der großen Energie. Es ist das Erlebnis des Wesentlichen, in dem etwas vom Wesen des Eigenen und des Äußeren zu uns strömt. Der Sinn des Lebens ist: *wesentlich* leben, sich darauf zubewegen. Dafür lohnt es sich zu leben. Wenn es mir als Autor gelingt, das bewußt zu machen und einige verschlossene Seelen wieder aufzuschließen, dann lohnt sich die Mühe und Arbeit, etwas in Worte zu fassen, was mit Worten niemals vollständig ausgedrückt werden kann.

»Soll ich mich allen Tatsachen stellen?«
Ein Gespräch

Das folgende Gespräch habe ich im Sommer 1988 mit einem Leser meiner Bücher geführt. Er nannte sich selbst einen »Sucher der Wahrheit«, und er wirkte so begierig nach Wahrheit, wie andere nach Geld und Besitz streben.

»In deinen Büchern finden sich mitunter Stimmungsbilder von Naturerlebnissen. Du verweist damit auf die Schönheiten der Natur, auf ein Ergriffensein von dieser Schönheit. Dieses sensitive Erleben hat seine Bedeutung, das sehe ich ein. Aber ich kann diese Schönheit nicht überall sehen, denn ich sehe auch sterbende Bäume aufgrund des sauren Regens, ich sehe begradigte Flüsse und Autobahnen, die die ursprünglichen Landschaften durchschneiden und zerstören. Die Flüsse und Seen sind verschmutzt und vergiftet, die Fische sterben, auch die Schmetterlinge und viele andere Tierarten sind vom Aussterben bedroht. Wie soll ich mich da über die Natur freuen, wie kann ich da noch wirklich ergriffen sein von der Natur?«

»Wenn ich die Schönheit eines Sommertages am Fluß beschreibe, wie die Beine ins kühle Wasser baumeln, die Libellen durchs Schilf fliegen und ein warmer Wind durch das Haar weht, dann geht es mir darum, bewußt zu machen, daß unsere Sinne die Tore zur Welt sind. Die Wahrnehmung, also Sehen, Hören, Riechen, Schmecken, Tasten und dabei sich den seelischen Gefühlen überlassen, sich der Wahrnehmung und den Gefühlen hingeben, das heißt, bei den Tatsachen in der Gegenwart sein.«

»Die Tatsachen sind aber leider nicht immer so angenehm, denn sie sind oft erschreckend!«

»Ich habe nirgendwo behauptet, daß Wahrnehmung, also Tatsachen erfassen, nur zu Glücksgefühlen führt. Ich habe behauptet, daß Liebe zu allem, was uns umgibt, nur durch aufmerksames, sensitives Wahrnehmen entsteht. Nur so beginne ich mich einzufühlen und mitzufühlen. Über die Sinne werden meine Gefühle berührt – das ist Seelenleben: Eindrücke fließen herein, sie durchfließen meine Seele, und sie verlassen mich wieder in Form eines Ausdrucks. Beim Durchfließen der Seele können Eindrücke Glücksgefühle der Liebe erzeugen, aber natürlich auch Erschrecken auslösen, Mitleid und Trauer. Damit auch letztere Gefühle ausgelöst werden, muß ich zuerst gefühlt haben, welche Schönheit mich umgibt. Um über eine Zerstörung erschrecken zu können, muß ich erst gefühlt haben, was da zerstört wird.

Ich kenne Menschen, die nur in ihrer Kindheit und Jugend eine sinnlich-sensitive Verbindung zur Natur hatten. Sie haben ihren Kontakt der offenen Wahrnehmung verloren, weil sie nur noch mit dem Kopf leben, als Techniker, Kaufleute, Ehepartner, Hausbauer usw. Sie nehmen nicht mehr wirklich wahr, sie lassen sich nicht mehr über die Sinne in ihrem Inneren berühren, sie fühlen fast nichts mehr, weil sie sofort beginnen zu denken, zu analysieren und zu theoretisieren.«

»Wenn ich die schrecklichen Umweltverschmutzungen sehe, muß ich aber denken, also Theorien und Pläne entwickeln, wie die Umwelt gerettet werden kann.«

»Zuerst meine ich, solltest du dich in die Umwelt verlieben, zuerst solltest du dich als ein lebendiges Wesen innerhalb dieser Welt spüren. Erst dann werden deine seelischen Gefühlsdimensionen wirklich berührt, und du wirst aus Mitgefühl weinen. Zuerst solltest du tiefe Liebe fühlen, dann können dir die Tränen herunterlaufen, wenn du die toten Fische mit silbrigem Bauch nach oben an dir flußabwärts treiben siehst. Danach kann sich das Denken einschalten und seine Werkzeuge in Bewegung setzen. Zuerst kommt aufmerksames Betrachten und Erlauschen der Gegenwart, der beglückenden und erschreckenden, erst danach folgen Denken und Handlung. Ich möchte dich in lebendige Fühlung mit der Wirklichkeit und dir selbst bringen.«

»Soll ich also allen Tatsachen ins Auge schauen? Ist es nicht verständlich, wenn viele Menschen sich vor der unangenehmen Wirklichkeit schützen, indem sie einfach nicht mehr richtig hinschauen, verdrängen und verleugnen.«

»So ist es ja. Tatsachen zu verdrängen oder zu verleugnen, das sind die Abwehrmechanismen, die ich ausführlich beschrieben habe. Wir meinen, durch Verdrängung oder Verleugnung, durch Schutz vor dem Erschrecken, der Empörung und Wut ein glücklicheres, ausgeglicheneres Leben leben zu können. Das aber ist ein Trugschluß, denn ich beginne mich dann vor Situationen zu schützen, die solche Gefühle in mir auslösen könnten, ich beginne sie zu vermeiden. Ich schaue dann den Tatsachen mit meinen Augen nicht mehr direkt ins Auge. Ich beginne, mich vom Leben, von meiner eigenen Lebendigkeit abzuwenden. Die vielfältigen Fluchtmöglichkeiten, die es gibt, mich durch Unterhaltung und Ablenkung von der Wirklichkeit zu entfernen, habe ich beschrieben. Die meisten Menschen reagieren mit Flucht. Die Menschen in unseren heutigen Industriegesellschaften sind Wirklichkeitsflüchter.

Das Fernsehen spielt eine ganz entscheidende Rolle als Fluchthelfer. Wir bauen Scheinwelten um uns herum auf und verlieren den Bezug zur wirklichen Welt mehr und mehr. Dabei verlieren wir den Kontakt zur liebenden und mitfühlenden Anteilnahme. Wir leiden deshalb an einem Abnehmen der Liebe.

Es wird viel von äußeren Klimaveränderungen auf unserem Planeten geredet und geschrieben. Das hat, wohlgemerkt, seine volle Berechtigung. Aber ich beobachte etwas noch viel Schlimmeres, über das nirgendwo berichtet wird, nämlich die Gefühlsklimaveränderung zwischen den Menschen. Die Liebe nimmt ab, die Liebe zu allem, was uns umgibt, zur Natur, zu den Tieren und natürlich auch zu den Mitmenschen. Wir flüchten in Abwehrtechniken und verlieren den mitfühlenden Kontakt zur Wirklichkeit. Lieblosigkeit und sich verstärkende Liebesunfähigkeit ist die seelische Krankheit unserer Zeit, die enorme soziale, medizinische und politische Auswirkungen hat. Die psychosomatischen Krankheiten nehmen von Jahr zu Jahr zu. Ein Mediziner mit einer Praxis für Allgemeinmedizin in einem Kölner Stadtteil sagte mir, daß achtzig Prozent seiner Patienten psychisch gestört sind, daß achtzig Prozent der körperlich-organischen Symptome von seelischen Schwierigkeiten verursacht werden, aber das alles habe ich bereits in meinen früheren Büchern ausführlich beschrieben und prognostiziert.

Eine Änderung dieser Verhältnisse ist nicht abzusehen. Die Symptome werden zunehmen, sie werden die Menschen mehr und mehr in die Krankheit treiben. Lieblosigkeit (und Liebesunfähigkeit) ist eine Erkrankung der Seele, die auch den Körper krank macht. Körper, Seele und Geist stehen in Wechselwirkung zueinander. Die Wirklichkeit nicht zu sehen, wie sie ist, das macht krank. Mitgefühl mit der geschundenen Natur zu haben aber macht nicht krank.

Wenn die Liebesfähigkeit stirbt, beginnt die Seele zu sterben, danach der Körper, danach die soziale Gemeinschaft, danach das politische System. Wir brauchen eine Revolution, die den Einzelmenschen ernst nimmt. Es handelt sich um eine bisher unbekannte Art von Revolution – die Geschichte kennt kein Beispiel dafür. Wir brauchen einen Aufbruch, der mit der Ausbreitung des Christentums vor zweitausend Jahren verglichen werden könnte. Die neue Revolution muß in den Herzen und Seelen der Menschen stattfinden. Die Menschheit hat keinen so langen Atem mehr, den Messias zu kreuzigen und danach eine neue Kirche aufzubauen. Unsere Zeit ist knapp geworden.

Sechstes Kapitel
Sinn-Entfaltung

»Schweigen ist schlimmer;
alle verschwiegenen Wahrheiten werden giftig.«

FRIEDRICH NIETZSCHE

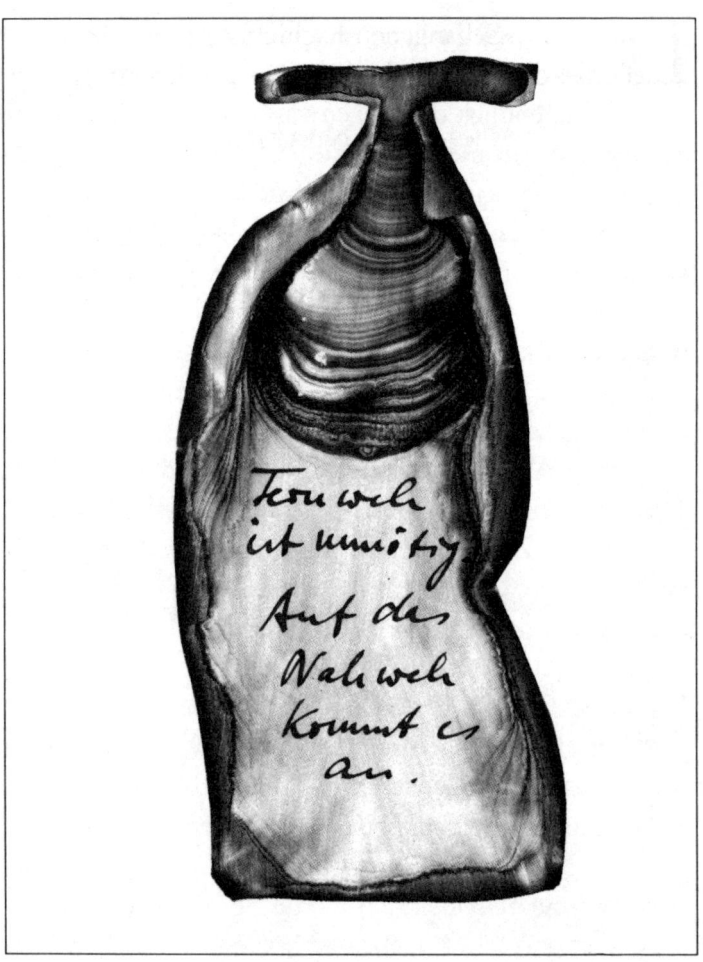

In den vorausgegangenen Kapiteln ist deutlich geworden, daß die Lebendigkeit von Körper, Seele und Geist sich im Augenblick der Gegenwart entfaltet. Die Vergangenheit ist nicht mehr, und die Zukunft ist noch nicht. Leben und seine lebendige Entfaltung ist nicht aufschiebbar. Ich kann zwar Termine verlegen, Pläne, die das Denken geschmiedet hat, auf morgen verschieben, die Lebendigkeit aber kann ich nicht aufschieben, denn sie findet jetzt statt, jetzt in diesem Moment. Ich atme ein und aus, die Sonne bestrahlt mein Gesicht, ich begegne einem Menschen, der mich anlächelt, das geschieht jetzt.

Meinen Atem werde ich wohl nicht auf morgen verschieben, denn es muß jetzt geatmet werden. Deshalb ist auch meine Zukunft jetzt. Wenn ich heute nicht mehr atmen würde, wäre ich morgen tot. Ich will damit sagen: Das Leben muß jetzt gelebt werden. Damit rede ich keinem verantwortungslosen Genußstreben das Wort. Ich meine nicht, daß deshalb Verabredungen und Zusagen einfach gebrochen werden sollen. Was das Denken verabredet hat, soll natürlich eingehalten werden. Wir müssen unterscheiden zwischen Körper, Seele und Geist, trotz der Einheit dieser drei Instanzen. Der Geist hat eine Verabredung getroffen, ich werde sie also geistig einhalten. Während ich hingehe, mein Körper zum Gehilfen des Geistes wird, spüre ich die Lebendigkeit um mich und fühle mich selbst emotional lebendig und aufgeschlossen. Ich lasse die Wirklichkeit in mich einströmen und durch mich hindurchfließen, ich fühle mich frei und offen, das alles zu erleben. Ich bin lebendig. Ein Bekannter sagte zu mir: »Ich treffe keine Verabredung mehr, denn dann kann ich nicht mehr lebendig und spontan aus dem Augenblick heraus entscheiden, was ich tun möchte. Wie das Leben so spielt, kommt es nämlich erstens anders und zweitens, als man denkt. Ich will verantwortungslos und verabredungslos aus dem Augenblick heraus leben. Was gibt es dagegen einzuwenden?«

Dagegen gibt es folgendes einzuwenden: Selbstentfaltung heißt nicht verantwortungs- und rücksichtslose Entfaltung gegenüber anderen. Die Würde und der Wert einer mit dem Denken getroffenen Vereinbarung soll eingehalten werden. Freiheit des *Erlebens* ist niemals zwangsläufig auch ein Freibrief für egozentrische Rücksichtslosigkeit. Die Spielregeln zwischen Menschen, die das Denken schafft, müssen nicht außer Kraft gesetzt werden. Aber es sind nur Spielregeln. Während ich die Spielregeln einhalte und nach den Ordnungsvorgaben des Geistes handele, ist das Leben ja nicht abwesend, denn ich muß mir ja keine Scheuklappen anlegen, sonst erlebe ich ja nicht mehr das, was rechts und links geschieht. Selbstentfaltung ist zwar der höchste Wert, aber die Verfolgung dieses höchsten Wertes setzt nicht die darunter stehenden Werte außer Kraft.

Das Leben kommt zu mir. Es wäre eine Verkrampfung, wenn ich mich dem Leben aufdrängen würde. Es ist nicht notwendig, sich ständig der Lebendigkeit an den Hals zu werfen. Das wäre ein Verhalten aus innerer Unruhe, aus einer Panik des Lebenshungers heraus geboren. Ich kann ganz still sein, die Hände über dem Bauch falten, der Körper ist ruhig und entspannt, der innere seelische See ist ruhig und glatt, ich sitze bei meiner Verabredung, die das Denken getroffen hat, ich erfülle meine Pflicht und bin mir meiner Verantwortung bewußt – das Leben aber wendet sich dadurch nicht von mir. Ich brauche keine großen Anstrengungen machen, es bedarf keiner Initiative, denn das Leben kommt zu mir. Ich muß nicht der Gegenwart entgegenstürmen, sie ist ja anwesend, in jedem Augenblick, in dem ich wach und sensitiv bin. Es sind keine Anstrengungen erforderlich.

Ich unterhielt mich einmal mit einem Bergsteiger über seine Motive, warum er gefährliche Felswände hochklettert und dabei sein Leben riskiert. Er sagte mir, daß er sich dabei »ganz gegenwärtig« fühlen würde, denn um nicht abzustürzen, käme es auf jeden Handgriff an. Wenn er aus der Felswand zurückkäme, hätte er »das Gefühl, gelebt zu haben«. Das wäre ein »Kitzel«, der ihm wichtig wäre, das würde ihn aus dem langweiligen und gewohnten Alltag herausreißen, danach hätte er das Gefühl von einem »unbeschreiblichen Prickeln«. Das vergangene Erlebnis wäre sehr intensiv gewesen – ein Hochgefühl.

Ich stellte die banale Frage, ob er dieses Hochgefühl nicht auch haben könnte, wenn er nicht an der Grenze zur Lebensgefahr agiert, sondern einfach nur durch eine

Landschaft wandert, an einem Bachlauf entlang, die Pflanzen betrachtend, die Käfer, die Vögel, die Fische im Wasser und die Bäume. Er meinte, das wäre ihm langweilig und sei nichts Besonderes.

Ja, muß es denn etwas Besonderes sein, um sich lebendig zu fühlen? Benötigt man so starke Reize, um sich in den Augenblick zu begeben? Muß ich an einer Felswand hängen, um mich lebendig zu fühlen, muß ich mit einem Drachen fliegen oder mit einem Auto durch die Kurve rasen, um den Wert des Augenblicks zu fühlen? Ich behaupte, das muß ich nicht. *Jeder* Augenblick ist wertvoll genug, um ihn ganz zu erfassen. Ich muß keine Lebensgefahr empfinden, um den Sinn des Lebens zu spüren. Ich muß mich nicht in einer prickelnden Situation der Gefahr erst dem Leben öffnen. Ich kann auch bei einer Verabredung (Verpflichtung) körperlich still sitzen – und das Leben mit seinen Impulsen ist gegenwärtig. Ich kann äußerlich und innerlich still sein, denn es muß nichts Aufregendes passieren. Ich lasse die lebendige Gegenwart um mich herum einfach geschehen, das ist aufregend genug. Ich hake dann in meinem Terminkalender nicht nur einen Termin, eine Pflicht ab, sondern ich habe sehr viel beobachtet und sehr viel erlebt.

Der Kosmos jeder Gegenwart ist gewaltig, er ist unausschöpfbar groß. Das Leben kommt in jedem Augenblick zu mir, wenn ich mich öffne. Dann ist nichts zu gering. Hermann Hesse sagt: »Wer das Größte ein klein wenig zu lieben vermag, der ist ärmer und geringer, als wer am Kleinsten aufblühen kann.«

Erwarten wir keine politischen Lösungen!

Für die Entfaltung unseres Selbst im Alltag, für unsere emotionale Befindlichkeit und das Glücksempfinden der Seinsfühlung sind ganz alleine wir selbst zuständig. Wir werden allerdings von den vielen beschriebenen Manipulationsversuchen der Außenwelt, von Angeboten der Unterhaltungs- und Ablenkungsindustrie und den Mitmenschen daran gehindert. Unsere Gegenwart wird aufgefressen. Sinngefühle sind aber nur in der lebendig erlebten Gegenwart möglich.

Die meisten Menschen sind von Kindheit an gewohnt, daß ihnen Autoritäten aller Art Problemlösungen vorschlagen und Institutionen schaffen, derer man sich bedienen kann. Für die Sinnentfaltung und Selbstfühlung gibt es keine solche Institution. Manche mögen das vielleicht bedauern, aber es ist so.

Ich werde oft daraufhin angesprochen, daß meine Arbeit als Psychologe darauf hinzielen müßte, den Menschen die Religion (etwa das Christentum) zu vermitteln, denn dann würden die »sinnentleerten Menschen« Hilfe bei Gott und den Glaubensangeboten der Religionsgemeinschaften finden. Wer das Buch bisher aufmerksam gelesen hat, weiß, daß mit Sinnentfaltung etwas ganz anderes gemeint ist, als religiöse Glaubensdogmen zu übernehmen. Es geht um ein religiöses Erleben, um eine lebendige Erfahrung des eigenen Wesens in der Welt. Es geht nicht darum, einer dogmatischen Lehre zu folgen, es geht nicht um etwas Gedankliches, sondern um eine Erlebnisentfaltung.

Diesbezüglich dürfen wir nichts von den Politikern, weder den demokratisch gewählten noch den diktatorisch bestimmenden, erwarten. Wir können aus der Sinnsuche und Sinnentfaltung auch keine politische Bewegung entstehen lassen. Damit sage ich nicht, daß die Sinnentfaltung etwas Unpolitisches wäre. Wovon in diesem Buch bisher gesprochen wurde, das ist natürlich etwas höchst Politisches. Es ist allerdings etwas, worauf die Politiker nur reagieren können, denn sie werden niemals von sich aus an »diese Dinge« rühren wollen oder sie in ein politisches Programm integrieren.

Ein Mann, der kürzlich aus Indien, aus Poona, zurückkam und der Lehre des Gurus Baghwan gelauscht hatte, aber dennoch kritisch genug war, sich wieder auf seine eigenen beiden Beine zu besinnen, auf denen es zu stehen gilt, stellte mir die Frage: »Warum erkennen die Kirchen und die Politiker nicht, daß die Menschen heute unter einem Sinnschwund leiden? Sie sehen es vielleicht sogar, aber sie unternehmen nichts, dieses Defizit auszugleichen. Warum bieten sie uns keine Lösungen an, das Leben sinnvoll zu leben? Es wäre eine notwendige politische Entscheidung, im Sinne eines menschlicheren Lebens, das Fernsehen auf eine Stunde Sendezeit pro Tag zu reduzieren.«

»Natürlich ist das eine sehr hilfreiche Idee – nur: Es ginge ein Aufschrei der Entrüstung durch die Bevölkerung. Deshalb wird sich ein demokratisch gewählter Politiker hüten, für eine solche Idee einzutreten, denn er müßte großen Schaden für seine Partei (und seine Wählerstimmen) befürchten. Demokratie ist die Herrschaft der wählenden Mehrheit, und demokratische Politiker haben sich danach zu richten. Es wird deshalb für das geworben, was die Bevölkerung will, und es wird nicht darüber nachgedacht, daß die Bevölkerung vielleicht gar nicht wissen kann, was wirklich sinnvoll wäre.«

Er antwortete mir: »Die Bevölkerung will aber keinen Krieg, und dennoch rüsten die Politiker für den ›Ernstfall‹ auf. Die Politiker schaffen hier politische Verhältnisse, welche die Mehrheit im Grunde nicht will.«

»Rüstung wird als ›hohe Politik‹ angesehen, als ein Machtinstrumentarium. Der einzelne ist gewohnt, Macht zu bewundern und anzuerkennen. Er lamentiert (wie ein Kind) nur, wenn man ihm das Spielzeug wegnimmt – Spielzeuge sind so elementar wie Nahrung. Erst wenn elementare Not herrschen würde – welche, mag dahingestellt sein –, erst dann gäbe es Aufstände und Unruhen. Solange das nicht der Fall ist, sollten wir von den Politikern nichts erwarten, denn sie gehen unbeirrt ihren Weg. Es geht der Bevölkerung um Geld und Unterhaltung, um die Sicherung dieses Existenzminimums. Der Politik geht es nicht um Sinnentfaltung des einzelnen. Der einzelne

wartet vielleicht darauf, daß von seiten der Autoritäten
›etwas kommen könnte‹. Aber er wartet vergebens. Solange er wartet, bleibt er ruhig und still. Das Teuflische
der Autorität ist es ja gerade, daß sie Grundbedürfnisse
stillt und die Abhängigen dann in einer Warteposition
verharren läßt.

Warte also nicht mehr. Jeder Tag, der vorübergeht, an
dem du etwas von außen erwartet hast, ist ein verlorener
Tag. Du warst in Poona, weil du dort erwartet hast, daß
du etwas bekommst, das dir bisher kein anderer geben
konnte. Du kannst aber gerade das niemals von einem
anderen bekommen. Und das ist gut so. Warte also nicht
mehr auf einen Guru, der dir das geben kann, und schon
gar nicht auf einen Politiker. Du lebst jetzt und heute.
Niemand kann dir einen Plan für deine eigene Sinnentfaltung in die Hand geben. Man kann dich immer nur
darauf hinweisen, daß sie bei dir liegt. *Du* mußt die
Initiative entwickeln. Nimm dein Leben selbst in die
Hand, denn kein anderer kann dir das abnehmen. Nabele
dich von allen Autoritäten ab, von allen. Du selbst bist die
einzige Autorität, die letztlich zählt. Du bist natürlich
auch keine Autorität, auch das fällt ab, du stehst völlig
nackt da, verletzlich und offen. Warte nicht mehr auf das
Wort eines Politikers oder eines Gurus. Beide wollen dich
abhängig machen. An diesem Punkt der Losgelöstheit
beginnt die Freiheit der Selbstfühlung.

Dein Leben geschieht jetzt. Es ist Zeitverschwendung,
zu warten, daß ein anderer kommt und dir sagt, wer du
bist und wie du leben sollst.

Und das wichtigste: Erwarte das auch nicht von einem Liebespartner. Es würde bedeuten, sich selbst und den eigenen Sinn erhalten zu wollen. Von niemandem, auch nicht vom Liebespartner, kannst du das erhalten, worum es geht. Am allerwenigsten – und das war deine Frage – von der Politik oder den Politikern. Dennoch ist das, worum es dabei geht, ein Politikum. Das wird dir dann bewußt, aber das steht nicht im Vordergrund. Daß dein Leben auch etwas Politisches ist, das ist eine Folgeerscheinung. Sinnentfaltung darf niemals zu einer Art politischer Aktion verkommen, denn dann würde das so Positive, worüber wir hier reden, aufs höchste gefährdet. In der Stille des Seins kann politische Absicht alles Erreichte wieder zerstören.«

Sogar Erfahrung kann unnützer Ballast sein

Die Überschrift scheint provozierend zu klingen, denn es gilt uns seit jeher als etwas ganz und gar Selbstverständliches, daß Erfahrungen sinnvoll sind. Wenn wir selbst auch »wenig Erfahrung gesammelt« haben, dann glauben wir, sie bei anderen finden zu können, bei den Älteren oder bei Personen, die mehr erlebt haben als wir selbst. Bei der Schweizer Autorin Alice Miller habe ich in ihrem neuen Buch »Der gemiedene Schlüssel«* vor einigen Tagen meine Gedanken zur Erfahrung bestätigt gefunden.

Sie schreibt: »Die Überzeugung, daß ältere Menschen mehr vom Leben verstehen, weil sie angeblich mehr Erfahrungen haben, wurde uns so früh anerzogen, daß wir gegen besseres Wissen ständig an ihr festhalten. Natürlich haben ältere Handwerker mehr Erfahrung in ihrem Handwerk und ältere Wissenschaftler gegebenenfalls mehr ›Wissen‹ in ihren Köpfen, doch beides hat mit Lebensweisheit recht wenig zu tun. Trotzdem kommen die meisten Menschen nicht von der Hoffnung los, sie könnten von älteren Menschen etwas über das Leben lernen, weil deren Vorsprung an Jahren auch eine reichere Erfahrung bedeuten müßte.«

* erschienen 1988 im Suhrkamp Verlag

Ein älterer Mensch hat zwar länger gelebt, aber dieser Vorsprung an Jahren muß keinesfalls zu mehr Lebensweisheit und seelischer Reife führen. Diese anerzogene Meinung, die aus der Kindheit und dem Jugendalter stammt – denn die Erwachsenen führen gegenüber dem Kind ihre größere Erfahrung immer wieder an, damit es gehorcht –, ist in der Kindheit mitunter berechtigt, wenn dem Kind Wissen vermittelt wird, indem man ihm etwa sagt, daß es diese und jene Pilze nicht essen darf, weil sie giftig sind, und das Eis des zugefrorenen Sees nur bei bestimmten Voraussetzungen betreten werden darf, um nicht einzubrechen. Das sind Kenntnisse, und hierbei handelt es sich um Wissen. Alice Miller weist deshalb zu Recht auf den Handwerker oder den Wissenschaftler hin, die beide ein Mehr an Wissen im Gedächtnis gespeichert haben. Wissen aber hat mit Lebensweisheit und Lebenskunst nichts zu tun.

Hier müssen wir wieder sehr genau unterscheiden zwischen dem Denken und der Aufgabe der Seele. Berufliche Erfahrung ist mit Gedächtnis von Fakten und Funktionen verbunden, dieses Wissen kann gelernt werden. Lebenserfahrung, die mit Weisheit und Reife verbunden ist, hängt vom Seelenleben ab.

Kann Lebenserfahrung als eine Art Wissen gelernt oder gelehrt werden? Es können nur einige Voraussetzungen dazu geschaffen werden. Lebenserfahrung, die zur Lebensweisheit und zum Erfahren von Sinn hinführt, ist kein feststehendes Wissen, das gelehrt werden könnte, denn dann wäre es ein Lernstoff, also etwas ganz konkret Faßbares. Man kann versuchen, es mit Worten zu beschreiben. Nur: Dann theoretisiert man mit Hilfe des Denkens über etwas, das sich nicht im Denken abspielt. Solche »Lebensweisheiten« werden dann häufig in Sprichwörter gefaßt, wie etwa: »Wo Licht ist, muß es auch Schatten geben« oder: »Was Hänschen nicht lernt, lernt Hans nimmermehr.« Diese Art Sprichwörter bleiben lebendig, weil sie etwas Wahres enthalten, aber wenn man sie genauer untersucht (wer macht sich schon diese Mühe?), sind sie mitunter einfach falsch. Mit Sprichwörtern, die sich als letzte Weisheiten ausgeben, kann man viel Unfug treiben und fruchtbares Erkennen ersticken. Mit solchen und ähnlichen »Lebensweisheiten«, die angeblich auf großer Lebenserfahrung beruhen, wird meist jede aufflammende Diskussion erstickt.

Wir sollten allen Lebenserfahrungen gegenüber, die uns andere als »große Erfahrung« nahebringen wollen, sehr skeptisch sein. Die Erfahrung eines Menschen ist immer etwas Subjektives. In seiner persönlichen Subjektivität hat sie auch ihren Wert und ihre Berechtigung. Aber diese eine subjektive Erfahrung ist eben oft nicht übertragbar auf eine andere subjektive Situation. Ich möchte damit sagen: Vertraue alleine auf deine eigenen Erlebnisse. So wie du selbst das im Augenblick empfindest, kann kein anderer genau das gleiche empfinden. Es hat deshalb auch keinen Wert, den anderen nach seiner Erfahrung zu fragen. Wenn du einen Menschen liebst, dann ist es dein subjektives Erleben von Liebe. Was soll ein anderer dazu sagen? Er kann eigentlich nur sagen: Wunderbar, daß du so empfindest. Das Erlebnis selbst ist die Basis. Alles andere ist Denken, das hinterher kommt. Dem Erlebnis kann eine Theorie übergestülpt werden – und schon sind wir in einer ganz anderen Dimension, die nichts mehr mit dem Erlebnis zu tun hat. Das ist sehr wichtig, sich bewußt zu machen. Das Erlebnis ist die Basis; es setzt sich zusammen aus Sinnenreizen der Wahrnehmung und aus Gefühlen in der Seele. Das Denken bildet sich seine Meinung darüber, es findet Worte dafür, denn das Denken ist zum großen Teil verbal. Nicht das ganze Denken ist verbal, es gibt auch ein Denken ohne Worte, in Bildern und größeren Sinnzusammenhängen. Das Denken der meisten Menschen aber ist vorwiegend sprachlich orientiert. Man spricht zu anderen und sich selbst in Wörtern und Sätzen, Erlebnisse werden als Erfahrungen verbalisiert. Damit sage ich nur, wie es gewöhnlich abläuft, ich sage aber nicht, daß ich das für richtig oder gar für optimal halte. Wir sollten Erlebnisse als Erlebnisse sehen und daraus keine Worte machen und diese Worte im Gedächtnis speichern. Seelisches Erleben braucht keine Erfahrungen, die festgehalten werden. Ich behaupte: Mit dem Festhalten im Gedächtnis schaffen wir uns Probleme.

Lebendigkeit ist ein Fließen der Energie. Dieses Fließen ist das ewig Schöpferische. Es bedarf keiner Erfahrung, an der das Neue gemessen wird. Es bedarf keines Vergleiches mit dem Gestrigen. Der Vergleich kann uns hindern, das Gegenwärtige ganz zu erfahren. Das klingt vielleicht etwas abstrakt, deshalb möchte ich das Gesagte an dem

Erlebnis der Liebe erläutern. Ich sehe beispielsweise einen Menschen, rede mit ihm und verliebe mich in ihn. Das ist die Gegenwart. Was nützt mir meine ganze Erfahrung der Vergangenheit in diesem Moment? Diese Erfahrung ist nur Ballast. Die Erfahrung verleitet mich, das Denken einzuschalten. Wenn ich erst anfange zu denken, ist die Liebe meist schnell wieder verflogen. Das Denken ist der Widersacher des Schöpferischen.

Gefühlte Liebe ist schöpferisch, sie ist die ganz andere Dimension, in der das Denken sich nicht auskennt. Das Denken ist geradezu ein Elefant im Porzellanladen, denn sobald es hereingetrampelt kommt, entsteht so viel Lärm und Ablenkung, daß sich die Liebe, die etwas Seelisches und damit Sensibel-Flüchtiges ist, zurückzieht. Deshalb sage ich: Erfahrung ist Ballast, der neue Erlebnisse nur behindert. Je weniger Erfahrung wir im Denken speichern, desto leichter können wir der Gegenwart – und nur in ihr geschieht Lebendigkeit – begegnen. Dann kann sich das Leben selbst entfalten – wir machen eine Erfahrung, die nicht festgehalten werden muß. Nur dann bleiben wir offen für die nächste Erfahrung, die wieder nicht festgehalten wird. Selbst wenn wir davon nichts verbalisieren, so sind wir doch auf dem Weg zur Reife, Weisheit und Lebenserfahrung. Wenn es etwas zu lehren geben wird, für unseren Freund, für die beste Freundin, für unser Kind, dann sollte es nur das sein.

Sinnentfaltung ist an keinen besonderen Ort gebunden

Es ist ein großer Irrtum zu glauben, die Entfaltung von Sinn wäre an einen besonderen Ort gebunden. Als einen solchen Ort stellt man sich dann oft ein Kloster vor oder eine Einsiedelei, also einen Rückzug aus der Welt in die Stille eines abgeschiedenen, einfachen Lebens. Sinnentfaltung kann dort möglich sein, das wird nun wiederum auch nicht bestritten, aber ein solches klösterliches Leben ist keine wirklich hilfreiche Bedingung. Sinnentfaltung ist an jedem Ort der Welt möglich, genau an dem Ort, an dem der einzelne im Moment lebt. Sie ist auch nicht an bestimmte soziale oder berufliche Voraussetzungen geknüpft. Das Monatseinkommen spielt keine Rolle. Ich wiederhole, was ich immer gesagt habe: Sinngefühle können entstehen, wenn gerade das Existenzminimum gedeckt werden kann, und sie können ausbleiben in einer Zehnzimmervilla, wenn das Denken nur um weiteren Geld- und Besitzerwerb kreist. Nicht der Besitz schafft Sinn, sondern die Losgelöstheit von jeglichem Besitz. Wer wenig besitzt und sich nicht an das wenige bindet, das er hat, steht auf der gleichen Stufe mit demjenigen, der viel besitzt und sich daran nicht bindet. Sinnentfaltung hat mit materiellem Besitzerwerb überhaupt nichts zu tun. Sie kann natürlich auch nicht käuflich erworben werden, auch nicht durch eine privat finanzierte Psychotherapie, weil seelische Sinnsuche nun mal keine Kassenleistung darstellt.

Sinnentfaltung ist an keinen Ort gebunden und an keine Lebenssituation. Sie ist – und das versuchte ich auf den vorangegangenen Seiten zu vermitteln – alleine ein Vorgang des Erlebens in der Gegenwart. Und Gegenwart hat jeder, denn hier ist keiner im Vorteil oder im Nachteil.

Sinnentfaltung ist auch nicht an irgendeinen erträumten Ort in der Ferne gebunden. Sehr oft höre ich: »Wenn ich erst im Urlaub bin, in Italien, Spanien, Griechenland oder in der Südsee auf einer Insel, dann beginne ich aufzuatmen. Ich habe nun mal Fernweh, ich muß andere Menschen, andere Sitten und Gebräuche kennenlernen. Ich will etwas von der Welt sehen, dann kann ich mich voll entfalten. Dafür arbeite und spare ich das ganze Jahr, denn das ist für mich das wichtigste, denn dann habe ich das Gefühl zu leben.« Dann denke ich nur: Was bist du doch seelisch für ein armer Mensch.

Fernweh ist für mich ein Krankheitssymptom. Natürlich kann ich dieses Symptom sehr gut verstehen. Man glaubt, während des Verreisens könne man durch neue Eindrücke die Probleme und Konflikte des Alltags hinter sich lassen. Aber man nimmt sich selbst ja mit, am neuen Ort ist man dadurch nicht automatisch ein neuer Mensch. Es handelt sich um eine »psychologische Täuschung«, anzunehmen, am neuen Ort mit neuen Eindrücken würde man zu einem neuen Menschen.

Natürlich ist dennoch etwas dran an dieser Sehnsucht nach neuen Orten und einer neuen Umgebung. Man wird mitunter aufgeweckt von diesem Neuen, die Sinne werden aktiviert. Man erlebt die Gegenwart frisch, öffnet die Sinne, die Tore zur Welt. Dennoch sage ich, es bedarf keines neuen Ortes. Jeder neue Ort wird einmal ein bekannter Ort. Und dann? Dann lande ich wieder bei mir selbst, bei meinen bisherigen Problemen und Konflikten. Ich kann zwar vorbringen, ich hätte etwas Neues gesehen, ich habe es bewußter als sonst gesehen, aber in mir hat sich dennoch nichts Wesentliches geändert. Fernweh nach neuen Orten ist verständlich, aber darin kann auch eine Flucht vor mir selbst liegen. Sie wird zu einer Droge: Ein Tapetenwechsel, ein Ortswechsel muß her – und das immer wieder. Es gibt ein unentdecktes Land, einen einzigen Ort, auf den es für die Sinnentfaltung einzig und allein ankommt: Das bin ich selbst. Das Wort »Nahweh« ist uns leider unbekannt.

Nahweh heißt, zu mir selbst zu kommen, an den Ort, an dem ich gerade bin, jetzt, in dieser augenblicklichen Gegenwart. Nahweh, darüber spricht man nicht, das ist unbekannt und doch das allerwichtigste für die Sinnentfaltung, die nirgendwo in der Ferne oder in einem Kloster zu finden ist. Selbstentfaltung geschieht immer dort, wo ich mich gerade befinde, so banal mir der Ort auch erscheinen mag. Ich mag träumen von den Wellen des Meeres am Strand der Insel Djerba. Der einheimische Fischerjunge findet es vielleicht (hoffentlich nicht) banal, weil er es täglich sieht. Der Fischerjunge träumt (hoffentlich nicht) vielleicht davon, den Kölner Dom zu sehen oder die Skyline von New York. Wer in einer Großstadt lebt, träumt von den Sonnenuntergängen in den Alpen, der Hirtenjunge aber träumt davon, in der Großstadt zu leben und dort einer schönen Frau (so wie jene in der Modezeitschrift) zu begegnen. Das alles sind Vorstellungen des Gehirns von einem anderen Ort, die unnötig und sinnlos sind. Fernweh ist unnötig. Auf das Nahweh kommt es an.

Es gibt nur einen einzigen Ort auf der Welt – das eigene Selbst in diesem Moment. Aus dieser Nähe zum Selbst, aus dieser Selbstfühlung geht die Seinsfühlung hervor. Wenn das doch nur jedermann verständlich und begreifbar wäre. Dafür lebe und dafür schreibe ich, das ist alles so einfach und doch so schwer zu vermitteln. Sinnentfaltung ist jetzt, dort bei dir selbst, wo du jetzt stehst, dort geht die Sonne im Westen unter, und frühmorgens im Osten geht sie mit neuer Frische auf. Sinnentfaltung ist jetzt, das ist tröstlich und herrlich, es muß auf nichts gewartet werden. Es ist wirklich alles schon da. Und es kostet nichts. Du mußt nur aus dem Fenster schauen. Es ist jetzt da, du bist bei dir, und damit ist es da.

Die krebskranke Frau, die mir ihre Jugenderinnerung erzählte, von dem Eis an einem Wintertag, dem Wind, dem Vogel, der vorbeiflog . . . darf ich daran erinnern? Alles das ist jetzt da. Es ist vielleicht nicht Winter, sondern Frühling oder Herbst . . . Es ist jetzt da! Der Regentropfen auf der Blüte, das vom Wind verwehte Blatt, die langen Schatten im Herbst, die am Boden faulende Frucht, das Lächeln eines Menschen, der Blick in die Augen, bei Regen unter dem Schirm, bei Sonne an der Wegkreuzung, das alles ist jetzt, jeder Tag ist Sinnentfaltung. Es gibt kein besonderes Wetter, es gibt keinen besonderen Anlaß, es existiert nirgendwo auf der Welt ein besonderer Ort dafür. Das alles ist jetzt an diesem Ort, an dem ich intensiv bei mir selbst bin und aus mir selbst heraus allem anderen mich öffne.

Der pfadlose Weg der Freiheit

Wenn Sinnentfaltung an keinen speziellen Ort gebunden ist, wenn im Gehirn gespeicherte Erfahrung zum Ballast werden kann und wir von keiner Instanz oder Autorität das Wesentliche für unsere Selbstentfaltung vermittelt bekommen können, gelangen wir auf einen pfadlosen Weg. Wir verlassen vorgegebene Wege, sobald wir ganz in die Gegenwart hineingehen. Auf diesem pfadlosen Weg begegnet uns das völlig Neue und die Überraschung. Es öffnet sich die Freiheit der unerwarteten Begegnungen in dieser Geöffnetheit.

Ein verzweifelter Mann erzählte mir in der Praxis: »Ich habe mich nach der Scheidung von meiner Frau jetzt wieder neu verliebt. Unsere gemeinsame Liebe beruhte auf Gegenseitigkeit, und wir verlebten zusammen herrlich emotional erfüllte Wochen. Vor einer Woche rief mich meine Freundin an und sagte mir, daß ihre Liebe nicht mehr so stark wäre wie am Anfang und sie mich deshalb nur noch einmal in der Woche sehen möchte. Ich bin davon zutiefst betroffen und verletzt. Ich kann es einfach nicht fassen, daß unsere schöne Liebesbeziehung enden soll. Wir führten lange Gespräche darüber, aber sie kann oder will mir die Gründe nicht erklären. Es ist plötzlich eine ungeheure Fremdheit zwischen uns, eine

Wand, die ich nicht mehr überwinden kann. Der Mensch, den ich so sehr liebte und glaubte zu kennen, ist mir plötzlich fremd und undurchschaubar. Ich zermartere mir das Gehirn, aber ich finde keine Lösung dieses Problems.«

»Die Beglückung der Annäherung in Liebe vermittelt Lebensenergie, Mut und seelische Kraft. Jeder Mensch, mit dem man in Kommunikation tritt, ist ein lebendiges Wesen, das darf in keinem Moment vergessen oder übergangen werden. Wir (unser Denken) machen uns leider oft viel zu schnell ein Bild vom anderen. Wir ordnen ihn ein mit den Wörtern unserer Menschenkenntnis und legen ihn auf diese Weise fest. Ein Lebewesen aber läßt sich niemals so festlegen wie ein materieller Gegenstand. Es ist die Funktion des Denkens, zu etikettieren und zu fixieren, das ist sein Wesen, es kann eben nicht anders.

Wenn man über das Denken miteinander kommuniziert, könnte wenig schiefgehen, meint man. Liebe aber ist vom Denken losgelöst, sie ist ein seelischer Vorgang, und der ist abhängig vom jeweiligen Augenblick. Mit den Gefühlen der Liebe betrittst du den pfadlosen Weg ins Unbekannte. In dieser Dimension der Freiheit kommen die Überraschungen des Unerwarteten auf dich zu. Man kann das innerlich ablehnen, also davor die Flucht ergreifen und schnell wieder auf den scheinbar gesicherten Pfad des Denkens zurückkehren. Aber damit ist nichts gewonnen.«

Er hörte aufmerksam zu und sagte dann: »Die plötzliche Distanz war für mich ein Schock. Führt denn der pfadlose Weg der Freiheit in solche Schocks? Dann ist es doch kein Wunder, daß man diesen Weg nicht betreten will.«

»Die Anstöße des Lebens sind beglückend, aber auch schockend. Liebe ist Freiheit. Diese Freiheit begrüßen wir mit offenen Armen. Unsere Liebe richtet sich auf ein *Lebewesen*. Alles Lebendige aber reagiert stets lebendig, sowohl nach der einen wie nach der anderen Richtung. Beides, die Anziehung und die Abstoßung, die Sympathie wie die Antipathie, die Verliebung und die Entliebung gehören dazu. Während der Verliebung sollten wir kein Bild fixieren und im Vorgang der Entliebung auch nicht. Verliebung produziert im Gehirn leicht ein Bild der Glorifizierung, Entliebung schafft mitunter das Bild der Abwertung bis zum Haß. Wir müssen Verliebung, Entliebung, neue Verliebung und Entliebung als einen normalen (im Sinne von natürlichen) Vorgang begreifen.

Die Anstöße des Lebens rütteln uns immer wieder für das Leben wach. Du wirst vom Schock aufgeweckt und siehst plötzlich ganz neue Aspekte in dir und um dich. Das Leben hat dich in die Möglichkeit der Freiheit geschubst. Jetzt stehst du ratlos auf dem pfadlosen Weg und fragst mich, in welche Richtung du gehen sollst. Deine Frage geht aber an dich zurück, ohne eine Antwort, denn eine Antwort würde in deinen Augen von der Position der Autorität erteilt. In der Lebendigkeit der Freiheit gibt es aber keine autoritär verordnete Ordnung. Die Lebendigkeit ist frei und unabhängig von den Ordnungsprinzipien, wie sie das Denken kennt.«

»Wie soll ich aber nun mit meinem Liebeskummer fertig werden? Wie soll ich mit dieser Trennung – die so unerwartet kam – leben? Wie kann ich dieses Neue, dieses Schmerzliche einordnen und verarbeiten? Wie kann ich daraus lernen, oder welche Folgerungen soll ich daraus ziehen?«

»Du fragst mich wieder als eine Art Autorität. Ich soll dir ›richtige Antworten‹ geben. Aber du selbst solltest fühlen, in dieses Gefühl hineingehen und dein Gefühl zu dir sprechen lassen. Wir haben Angst davor, unsere Gefühle sprechen zu lassen, fast als wäre das etwas Gefährliches oder Unanständiges. Die Gefühle aber sind das Anständigste, das wir haben. Es ist sehr anständig, aus dem Gefühl heraus zu leben. Es ist anständiger, tief zu fühlen, als einen logischen Gedanken zu entwickeln, der losgelöst von Gefühlen ist.

Du liebst deine Freundin. Sage es ihr mit Worten und mit Gefühlen, mit Komplimenten, wenn dir danach ist, auch, mit Tränen, wenn die Gefühle sich befreien. Löse dich dabei völlig von den Absichten und Strategien des Denkens. Nichts muß überwacht werden vom Denken, das Gefühl ist frei und unbestechlich und nimmt seinen freien Lauf. Gefühle sind Leben und Freiheit, ein Gedanke ist nur frei, wenn er im Lebendigen des Augenblicks bleibt. Verweile bei diesen Anstößen des Lebens, die dich aufwecken, die Schock und Glück bedeuten. Du setzt dich der Überraschung des Neuen aus, und das Neue ist das Unbekannte, das nicht vom Gehirn Projizierbare. Das ist Freiheit. Sie ist der Sinn des Lebens zwischen Geburt und Tod, den einzigen wirklichen Fixpunkten. Nichts anderes ist fixierbar. Der pfadlose Weg der Freiheit ist der Weg, der dir das Wesentliche gibt, nämlich deine Lebendigkeit zwischen den beiden Fixpunkten.«

Die Revolution aus dem Inneren

Das leider Übliche im mitmenschlichen Kontakt ist die Begegnung von zwei oder mehreren Selbstbildern. Meist versucht man im Kontakt zu anderen als der zu erscheinen, für den man gehalten werden möchte, und man offenbart sich dann nicht so, wie man wirklich fühlt und denkt. Wenn zwei solcher Selbstbilder als Fassaden aufeinandertreffen, kann es zwangsläufig nur einen oberflächlichen Kontakt geben, der gekennzeichnet ist von der Angst, die Maske könnte verrutschen oder gar vom anderen heruntergerissen werden. Wie man sich gibt, aber nicht ist, das will man verteidigen. So wie man wirklich ist (fühlt), soll ja verborgen bleiben. Wir verschwenden leider viel Zeit damit, unsere Fassade zu polieren, sie ins rechte Licht zu setzen, und es bleibt zu wenig Zeit übrig, sich damit zu beschäftigen, wie man hinter diesem gewünschten Selbstbild wirklich ist. Man will es dann oft auch gar nicht so genau wissen, zumal wenn das wirkliche Selbst (das Wesen) dem zurechtgelegten Selbstbild widerspricht. Dieser Widerspruch, ein Konflikt im Menschen, ist Gewalt gegen sich selbst.

Deshalb sage ich immer wieder: Dieser Widerspruch muß beseitigt werden, und das wahre Selbst muß nach außen dringen. Wesen und Selbstbild müssen so deckungsgleich werden, bis das Selbstbild verschwindet. Das bezeichne ich als Revolution aus dem Inneren. Dort müssen wir beginnen, bevor wir in der Außenwelt irgend etwas verändern wollen. Denn nur, was aus innerer Heilheit (Ganzheit) erwächst, kann auch außerhalb des Selbst zu einer effektiven Heilung beitragen. Wer sich selbst Gewalt antut, trägt diese Gewalt auch nach außen. Wer sich selbst nicht annimmt und liebt, kann auch keinen anderen annehmen und lieben. Er kann nur abwerten (Destruktion) oder aber bewundern. Bewunderung ist nicht konstruktiv. Wer sich selbst Gewalt antut, sich zu beherrschen, sich zu zwingen, sich zu verstellen versucht (alles das ist subtile Gewalt gegen sich selbst), der ist bereit, von anderen zu fordern, sie zu kritisieren und zu gängeln, sie auf- oder abzuwerten, sie zu reglementieren und sie auch zu verletzen. Eine solche Gewalt tarnt sich zwar als »konstruktive Kritik«, sie ist aber immer destruktiv, weil sie neue Gewalt produziert, nämlich Widerstand und Gegengewalt. So ist der Kontakt zwischen Menschen meist gewalttätig, destruktiv und lieblos.

Liebe und Gewalt gehen nicht zusammen, sie sind immer deutlich voneinander getrennt. Nur Liebe ist konstruktiv, Gewalt niemals. Der Mensch besitzt keinen »Destruktionstrieb«, wie Sigmund Freud um die Jahrhundertwende noch annahm; destruktive Reaktionen sind nicht »triebhaft«. Auch die Liebe ist kein Trieb. Es gibt nur einen Trieb, das ist der Sexualtrieb. Dieser Trieb ist biologisch gesehen konstruktiv, aber er kann so gestört werden, daß er destruktiv eingesetzt wird. Die Konflikte in der eigenen Person können ihn mit einbeziehen und – was der Liebe biologisch so sinnvoll beigeordnet ist – zu etwas umdrehen, das der Gewalt beigeordnet wird.

Wir brauchen eine einzige Revolution, doch sie darf nicht aus dem Denken geboren werden, denn sonst produzieren wir das Unglück aller traditionellen Revolutionen. Diese Revolution muß aus dem Inneren des Selbst hervorgehen. Sie führt uns zu unseren wahren, wirklichen Gefühlen, zu unserem Kern. In diesem Kern, den wir leider durch die Erziehung und die Manipulationen der Erzieher zu verleugnen gewohnt sind, ist unsere Liebesfähigkeit verborgen angelegt. Im Wesen wollen wir keine Gewalt, dort sitzt unsere konstruktive Basis, von dort aus können wir gewaltfrei und einfühlend auf andere zugehen. Diese Liebesfähigkeit, die dort verborgen ist, ist zunächst einmal völlig geschlechtsneutral und deshalb sexualitätsfrei.

Liebe ist im normalen Sprachgebrauch ein sehr geschundener und mißbrauchter Begriff. Liebe ist nicht mit Sexualität identisch, sie ist auch nicht nur auf andere Menschen bezogen. Liebe ist auch nichts Kosmisches oder etwas, das in der Religion festgelegt ist. Liebe ist etwas zutiefst Seelisches. Von dieser Liebe, von der ich hier schreibe, wird im Alltag nicht gesprochen, auch von den Wissenschaftlern nicht, von den Politikern nicht . . . und auch nicht von den Priestern der religiösen Glaubensgemeinschaften, weder von den Theologen noch den Biologen oder Verhaltensforschern, allenfalls von einigen Philosophen.

Von dieser Liebe, die von keiner Institution erkannt oder propagiert wird, ist hier die Rede. Zu ihr vorzudringen, jeder einzelne für sich selbst, sie zu erfühlen und zu erleben, das ist die Revolution im Inneren. Das Selbstbild mit seiner Maske verwelkt, und es tritt etwas anderes aus der Tiefe plötzlich in den Vordergrund. Das ist das wirklich Konstruktive, denn es ist wesensmäßig gewaltfrei, aber kein Ideal der Gewaltfreiheit.

Diese Liebe ist verbindend, ohne »diplomatisch« zu sein. Sie ist ehrlich, ohne verletzend zu sein. Diese Liebe ist wärmend, ohne die Falschheit des Einlullens an sich zu haben. Diese Liebe ist eine Herausforderung an die Mitmenschen, sie ist revolutionär, ohne die Gewalt traditioneller Revolutionen in sich zu tragen. Wer sich selbst im Kern annimmt und von dieser Kraft der Liebe getragen wird, ist innerlich reich und gibt diesen Reichtum in die Welt. Auch wenn die Menschen diese Diamanten nicht erkennen können und sie »vor die Säue werfen«, ist das kein Gegenargument gegen diese Liebe. Laß die Menschen das Seelische mit Worten zertreten und darauf zynisch herumtrampeln, das alles führt den Liebenden dennoch daran vorbei und darüber hinweg, denn sein inneres Glück überstrahlt das alles. Sinngefühle sind stärker als aller Unsinn der bekannten Worte und des Üblichen.

Gefühle sind wie Blüten

Sinnentfaltung heißt, der Welt mit ihren Reizen als Fühlender zu begegnen. Nur die Außenwelt zu sehen, ohne sich dabei der Innenwelt ganz und gar aufzuschließen, führt zu nichts. Die Außenwelt zu sehen und sich nur etwas dabei zu denken, sie in Worte zu fassen, um davon zu erzählen, das ist nur die Hälfte wert.

Die Worte müssen schweigen, das Benennen der Dinge muß enden. Erst in diesem Schweigen kann man den Gefühlen lauschen, die keiner Worte bedürfen. Die Gefühle sind unsere innere Wahrheit, sie sind die Sprache der Seele. Ihr sollten wir uns zuneigen. Es sind Gefühle, die das Leben wirklich lebendig machen. Da es, wie bereits erwähnt, nicht nur angenehme Gefühle sein werden, wenn wir uns auf unser Inneres einlassen, benötigen wir eine sehr bewußte Einstellung zu lauschen, um diese Aufmerksamkeit zu erlangen. Wir sollten bereit sein, uns den Gefühlen zu stellen und nicht vor ihnen zu fliehen. Ich weiß, daß ich bereits Geschriebenes wiederhole, aber es ist so wichtig, daß es mit neuen Worten immer wieder gesagt werden muß.

Die Gefühlswelt, diese subjektive und privateste Welt, ist das unentdeckte und unerforschte Gebiet, das wirklich große und bedeutungsvolle Abenteuer des Lebens. Das Abenteuer, das ich irgendwo draußen in der Welt suche, das auch seine Berechtigung hat, ist bedeutungslos, wenn ich mich dabei nicht auf die Innenwelt meiner Gefühle einlasse. Leider ist es eine Tatsache, daß die meisten Menschen vor ihrer Innenwelt fliehen. Mit den Abwehrtechniken des Denkens wird die Innenwelt der Gefühle abgewehrt. Ich habe diese »Abwehrmechanismen« in meinen früheren Büchern ausführlich beschrieben und möchte sie deshalb hier nur kurz aufzählen: Identifizierung, Verdrängung, Projektion, Symptombildung, Verschiebung, Sublimierung, Reaktionsbildung, Vermeidung, Rationalisierung, Betäubung, Abschirmung, Ohnmachtserklärung, Rollenspiel und Gefühlspanzerung. Das alles sind Tricks und Methoden, sich vor den Gefühlen davonzumachen. Gefühle sind die Wahrheit, sie sind etwas ganz und gar Wirkliches, sie sind keineswegs trügerisch, verträumt, sentimental oder gar kitschig. Das sind alles Abwertungen des Verstandes, die Ratio ist dann der Widersacher und Bekämpfer der Psyche. Alle Abwehrmechanismen sind Fluchtwege vor der Wahrheit.

Den Gefühlen ins Auge zu schauen, das heißt ins Zentrum der Subjektivität des Selbst zu gehen. Diese Innenwelt ist gleichberechtigt zur Außenwelt. Die Innenwelt ist nicht materiell, sie ist nicht konkret sichtbar zu machen, sie entzieht sich der Apparatur der empirischen Naturwissenschaften. Dennoch ist sie konkret existent, sie ist wahre Wirklichkeit und deshalb genauso ernst zu nehmen wie ein neuer Stern, den das Teleskop am Nachthimmel ausmacht. Gefühle sind keine Trugbilder. Sie sind so existent, wahr und lebendig wie eine Blume, die ich in der Außenwelt betrachte, sie kommt aus der Knospe, öffnet sich, schließt sich in der Nacht, und beim ersten Sonnenstrahl, der auf sie fällt, öffnet sie sich wieder. Gefühle sind mit Blüten vergleichbar. Ich versuche in Worte zu fassen, was sich in Worte niemals vollständig fassen läßt. Wäre sonst Dichtung nötig? Die Aufgabe der Poesie ist, Realitäten fühlbar, erfaßbar zu machen, die mit anderen Möglichkeiten nicht beschreibbar sind. Deshalb hat Dichtung ihre Berechtigung, gleichwertig zu den empirischen Wissenschaften. Was nicht in Zahlen und Formeln erfaßt werden kann, wird mit Poesie, Dichtung und künstlerischer Darstellung eingefangen. Der Einzelmensch ist weder Wissenschaftler noch Künstler, er steht in seinem persönlichen Leben und entfaltet seinen Sinn völlig unabhängig von Wissenschaft oder Kunst.

Eine Bekannte sagte sehr treffend: »Was soll das alles, Wissenschaft und Kunst? Das ist doch nur Spiel im Vergleich zu mir selbst. Ich denke und fühle – das bin ich. Ich interessiere mich nicht für irgendwelche Forschungsergebnisse oder Wahrheiten der Kunst. Es gibt nur eine Wahrheit, die mich interessiert, und zwar das Geschehen in mir.« Das klingt vielleicht egozentrisch und auch desinteressiert, und dennoch trifft es etwas sehr Richtiges: Meine subjektive Wahrheit ist das Ausschlaggebende in meinem Leben. Ich will primär keine Gedanken über Gefühle vom anderen vermittelt erhalten, sondern selbst fühlen. Dort, wo ich selbst fühle, bin ich konkret und authentisch bei den Dingen meines Lebens. Es geht um mich, nicht um etwas, was ein anderer mir vermitteln kann oder will. Ich selbst stehe im Zentrum, und dort ist das Abenteuer, nirgendwo sonst.

Diese Gefühle sind Realitäten. Das Subjektive ist real, die Bedeutung des Subjektiven muß anerkannt werden. Die Wahrheit ist nicht irgendwo draußen bei Wissenschaftlern, Fachleuten, Autoritäten und Sinngebern, sie ist in mir. Individualität und Individuation sind der Weg zur Wahrheit.

Sage mir deine Gefühle, und ich sage dir meine Gefühle: Wir müssen uns gegenseitig ernst nehmen mit allen unseren Gefühlen. Wir sollten diese Gefühle fühlen und den Mut haben, sie sprechen zu lassen. Dann sind wir ganz nahe an der Realität. Realitätsnähe ist auch Gefühlsnähe. Warum hast du diese Gefühle? Ich verstehe es vielleicht nicht, das mag ja sein, aber das Subjektive, warum der eine jetzt so fühlt und der andere ganz anders, das hat seinen Sinn und seine Bedeutung.

Wer die Gefühle nicht ernst nimmt, verleugnet ein wesentliches Stück Realität. Wer alleine meßbare Fakten ernst nimmt und gelten läßt, entfremdet sich vom Leben und der Lebendigkeit. Er wird eines Tages sterben und hat das Wesentliche nicht begriffen. Das Wesentliche ist zu fühlen, ganz subjektiv. Im Subjektiven liegt der Sinn des einzelnen Lebens. Jeder einzelne ist subjektiv. Wir sollten das bei anderen und uns selbst zulassen. Freuen wir uns über die subjektiven Blüten der Gefühle wie über die Blüten auf einer Wiese. Keine Blüte gleicht der anderen, und dennoch sind sich alle ähnlich.

Alle verschwiegenen Wahrheiten
werden giftig

Es ist die Aufgabe der Psychologie, alles, was die Abwehrmechanismen wegschieben, hervorzuholen und wieder
sichtbar zu machen. Das, worüber normalerweise nicht
gesprochen wird, muß angesprochen werden. Was zwischen Menschen aufgrund von Verschweigung »kein Thema« ist, muß zum Thema gemacht werden. Einer der
Orte, wo das in Ruhe und mit stiller Anteilnahme geschehen kann, ist das Buch. Wenn Menschen immer seltener
einen Partner finden, mit dem sie die verschwiegenen
Wahrheiten besprechen können, dann kann das mit einem Buch geschehen. Es findet zwar keine wirklich lebendige Kommunikation statt, kein spontaner Dialog,
aber es geschieht dennoch eine Zwiesprache zwischen
Autor und Leser. In dieser Stille und Ruhe können die
verborgenen Wahrheiten im Selbst auftauchen, und man
kann beginnen, sich ihnen durch Selbstbetrachtung zu
stellen.

Wir reden zwar im Alltag mit anderen oft und viel,
wir machen viele Worte um viele Begebenheiten und
gehen dennoch verschwiegen mit den tieferen Wahrheiten um. Es geht nicht darum, *viel* zu reden. Wer wenig
spricht, verschweigt nicht unbedingt Wahrheiten. Zwischen Schweigen und Verschweigen ist ein Unterschied.
Wer still ist und wenig Worte macht, muß deshalb kein

Verschweiger der Wahrheit sein. Wahrheiten sind nicht nur äußere Geschehnisse, die objektiv als Tatsachen festgestellt werden, Wahrheiten sind auch Erkenntnisse, die in unserem Inneren entstehen. Dieses Erkennen in unserem Inneren sind die Wahrheiten, die wir allzu gerne verschweigen, die wir mit Geschwätz über Oberflächliches zudecken. Die verschwiegenen Wahrheiten des Inneren aber werden giftig. Diese Wahrheiten, die ich jetzt meine, entstehen nicht durch Denken, sondern durch Sinnen. Die meisten Menschen denken lieber, anstatt zu sinnen. Und sie sehen lieber, anstatt zu schauen. Sehen heißt Einzelheiten wahrnehmen, schauen dagegen bedeutet Zusammenhänge erfassen – ein ganzheitliches Sehen ist Schauen. Die Betrachtung dessen, was geschieht, um uns und mit uns, verbunden mit einem Sinnen (nicht mit Denken), führt zur Kontemplation. In dieser Kontemplation entsteht die Erkenntnis der Wahrheit. Auf diesem Weg erkannte Wahrheit wird zu Gift, wenn sie verschwiegen wird.

Verschweigen heißt auch darüber hinweggehen, nicht annehmen, sondern wegschieben, die Flucht davor zu ergreifen. Verschweigen heißt auch, schnell etwas anderes machen, um sich abzulenken. Das, was man erkannt hat, aber nicht anerkennen will, ist ein Vor-sich-selbst-Verschweigen. Die eigenen Erkenntnisse nicht anerkennen, das bedeutet Wahrheit vor sich selbst verschweigen – und damit auch vor allen anderen. Diese verleugneten und abgewehrten Wahrheiten, die »kein Thema« sind, werden zu innerem Gift.

Wenn dieses Thema dann doch (versehentlich) einmal angesprochen wird, werden wir giftig. Diese Giftigkeit äußert sich in Zickigkeit, Reizbarkeit und Aggressivität. Deshalb können wir diagnostizieren: Wenn ein Mensch im Gespräch reizbar und zickig reagiert, haben wir in ihm eine solche verschwiegene Wahrheit angesprochen.

Sie können, wenn Sie das an einem Gesprächspartner beobachten, weiterbohren und versuchen, durch Fragen die verschwiegene Wahrheit aus ihm herauszulocken. Sie stoßen dann aber meist auf eine Wand der Anspannung und Verkrampfung, mit Antworten wie: »Darüber kann ich nicht sprechen, das ist für mich jetzt kein Thema, dazu kann ich nichts sagen. – Ich bin verwirrt und kann mich deshalb dazu nicht äußern. Das ist zu schwierig, darüber muß ich erst noch mal nachdenken. – Im Moment kann ich dazu überhaupt nichts sagen. Bitte, respektiere, daß ich dazu nichts sagen kann.« Diese Verschweigungen der Wahrheit sind deshalb besonders bedeutungsvoll, um einen Menschen besser kennenzulernen. Immer wenn man auf solche Verschweigungen stößt, ist man kurz vor dem Kern der Wahrheit – man ist beim Eigentlichen angelangt.

Man sollte niemals durch Druck zu erreichen versuchen, daß sich die Schleusen der Gefühle öffnen. Es gibt keine Methode, diese Verschwiegenheitsgrenze zu brechen. Es geht darum, so viel Vertrauen aufzubauen, durch liebende Anteilnahme und Respekt vor der Individualität, bis sich eines Tages die Schleusen von selbst öffnen, allerdings sprudelt es dann oft plötzlich und überraschend los, und die verschwiegenen Wahrheiten können in einem gewaltigen Strom hervorbrechen, sie können in großer Kraft alles überfluten, und man wird erschüttert sein, was aus einem Menschen, den man glaubte zu kennen (von dem man sich ein Bild gemacht hatte), alles hervorbricht.

Man sollte diesen Strom der Wahrheit dankbar annehmen, auf keinen Fall beleidigt sein, wenn man sich selbst angegriffen fühlt und einen völlig »neuen Menschen« vor sich sieht, der gar nicht so angepaßt ist, wie man immer dachte, der einen zum Beispiel auch so, wie man dachte, von ihm geliebt zu werden, gar nicht liebt.

Verschwiegene Wahrheiten sind oft auch tiefsitzende Verletzungen. Man erfährt dann etwas über vergangene Ereignisse, die man selbst vielleicht damals wichtig nahm und bereits vergessen hatte. Man erfährt dann, »du hast damals in dieser Situation das zu mir gesagt oder du hast so und so gehandelt«. Man dachte, das wäre längst erledigt, aber es hat ein Gefühl über Jahre und Jahrzehnte in Verschwiegenheit geschlummert, das nun hervorbricht, mit einer Gewalt, die man nach dieser langen Zeit nicht mehr für möglich gehalten hätte. Die Zeit schwächt eben nichts Seelisches ab. Die äußere, physikalische Zeit mag darüber hinweggegangen sein, aber verschwiegene seelische Inhalte brechen dennoch mit Dynamik hervor, voller Energie. Diese Energie wird nicht geringer durch die nachfolgende Zeit.

Nicht jeder stille und schweigsame Mensch ist ein entspannter und ausgeglichener Mensch. Die Stille, das große Ideal der inneren Ruhe, ist nur dann wunderbar, wenn alles erledigt ist, wenn wirklich Ordnung in der Seele und im Geist herrscht. Wenn Stille aber aus einer Verschweigung der Gefühle und der Erkenntnis entstanden ist, dann ist nur eine Scheinstille vorhanden. Ein Funke kann das Pulverfaß dann zum Explodieren bringen, und über viele Jahre angesammeltes Gift spritzt bei diesem Ausbruch mit hervor.

Jede gelebte Wahrheit im Augenblick der seelischen Gegenwart ist Elixier des Lebens, jede verschwiegene Wahrheit aber, die in die Vergangenheit abgedrängt wird, die nicht wagt, sich auszudrücken, wird zu Gift in der Seele, im Geist und im Körper dieses Menschen. Dieses Gift äußert sich in giftigem Verhalten. Wenn das Gift aber eines Tages hervorkommt, wenn die Wahrheit sich ausdrücken kann und darf, wird der Mensch gesund.

Alles angesammelte Gift durch Verschweigen in uns muß heraus, damit wir ein glückliches, freies und liebendes Leben leben können. Dann sind wir gut und wahr und heil.

Anhang

Peter Lauster

Eine Kurzbiographie von Dr. Frank-Lothar Hinz

Peter Lauster wurde am 21. Januar 1940 in Stuttgart geboren. Er war das einzige Kind der Eheleute Helene und Wilhelm Lauster. Während des Krieges bis zum Kriegsende 1945 lebten die Eltern in Stuttgart, danach auf dem Land, in einem kleinen Haus im Hohenloher Land, an einem Fluß gelegen. In der Grundschule war Peter Lauster nach Aussagen der Lehrer ein »am Unterricht wenig interessierter Schüler« mit durchschnittlichen Noten. Die Lehrerin beklagte sich bei der Mutter: »Er schaut immer zum Fenster hinaus oder träumt vor sich hin.« Peter Lauster über diese Zeit: »Ich wartete immer sehnsüchtig darauf, bis der Unterricht endlich zu Ende war und ich wieder auf die Wiesen am Flußufer konnte.« Die Lehrer rieten, das »verträumte Kind« nicht aufs Gymnasium zu schicken. Er drängte aber aus eigener Initiative, »um Zeit zu gewinnen«, denn schon vier Jahre später als Lehrling ins Berufsleben einzutreten, das empfand er als einen zu frühen Einstieg in die Welt der Erwachsenen.

Auch auf dem Gymnasium war er kein auffallender Schüler: schlechte Noten in Mathematik und Physik, gute Noten »nur« in Kunst und Deutsch. 1960 machte er dann in Stuttgart das Abitur am Kaiser-Wilhelm-Gymnasium.

Im zehnten Lebensjahr begann er aus eigenem Antrieb heraus zu malen, Aquarelle und Federzeichnungen. Ab dem vierzehnten Lebensjahr schrieb er seine Erlebnisse auf, mit sechzehn verfaßte er einen Roman und fühlte, daß er »später« Schriftsteller und Maler werden wollte. Nach dem Abitur studierte er zunächst einmal auf der Universität Tübingen Kunstgeschichte, Psychologie, Philosophie und Anthropologie. Das Psychologiestudium schloß er 1968 mit dem Diplomexamen ab.

Während seiner Tübinger Studienzeit widmete er sich im Atelier unter dem Dach der Universität weiterhin der Malerei. Er machte in diesen Jahren auch einige Einzelausstellungen in Stuttgarter und Tübinger Galerien. Da während dieser acht Jahre von den Galerien nur drei Bilder verkauft wurden, konnte er natürlich nicht seinen Lebensunterhalt mit der Malerei bestreiten. Während des Studiums praktizierte er im begabungs- und schulpsychologischen Bereich bei der Berufsberatung des Arbeitsamts Ludwigsburg und bei der Stuttgarter Erziehungsberatungsstelle.

Nach Abschluß des Examens arbeitete er zwei Jahre als angestellter Redakteur für sozial- und berufspsychologische Themen. Als Journalist war er zwar finanziell zunächst einmal abgesichert, er fühlte sich aber unwohl, vorgegebenen Themenzwängen unterworfen zu sein. Ohne angespartes »Startkapital« machte er sich im Januar 1971 in Köln selbständig und gründete die »Praxis für psychologische Diagnostik und Beratung«. Jetzt nahm er sich vor, als Sachbuchautor die Psychologie zu einer »öffentlichen Wissenschaft« zu machen. Psychologisches Wissen sollte der Allgemeinheit in verständlicher Darstellung nutzbar gemacht werden, und so veröffentlichte er Sachbücher über Eignungspsychologie (»Begabungstests«, 1972, und »Berufstest«, 1974) und das Verhalten im Kontakt (»Menschenkenntnis«, 1973, und »Statussymbole«, 1975).

Mit der traditionellen Schulpsychologie, wie sie auf den deutschen Universitäten gelehrt wird, war er als Student sehr unzufrieden. Rückblickend sagt er: »Ich war vom akademischen Studium enttäuscht. Was ich über die menschliche Seele in den Vorlesungen erwartete, hörte ich nicht. Die Psychologie rang um ihre Anerkennung als vollwertige Wissenschaft, deshalb zählte nur das, was gemessen und numeriert werden kann. Die Seele läßt sich aber nicht quantifizieren, sie ist etwas Qualitatives. Es fehlte der Mut, über das Seelische frei und offen zu reden, auch wenn keine empirisch ermittelten statistischen Zahlen vorliegen.«

Er nahm sich vor, als Autor über das Seelische anders zu berichten »als ein Universitätsdozent«, und er ging deshalb eigene Wege. Dieser Schritt begann 1975 mit dem Wechsel zum Düsseldorfer Econ Verlag. Mit vierzig Jahren schrieb er sein bisher erfolgreichstes Buch: »Die Liebe«. Es steht seit dem Erscheinen ununterbrochen auf der Bestsellerliste und ist bisher in einer Auflage von 500 000 Exemplaren verkauft worden. Mit diesem Buch löste er sich von seiner früheren Schreibweise und begann, subjektive Erlebnisse und Erfahrungen mit einzubringen. Er sagte damals: »Mit zwölf hatte ich ein Erlebnis der Transparenz und Transformation des Seelischen. Durch Anpassung an die Normen der Gesellschaft ging diese Erfahrung aber leider wieder verloren. Auch das Psychologiestudium konnte daran nichts ändern. Im neununddreißigsten Lebensjahr wurde ich wiedergeboren, denn diese Transparenz war wieder da. Seitdem schreibe, male und lebe ich nur noch für diese Sensibilität. Das möchte ich vermitteln, darin liegt der Sinn meines Schreibens.« Er veröffentlichte im Econ Verlag die Titel »Lebenskunst« (1982), »Wege zur Gelassenheit« (1984), »Liebesgefühle« (1986) und »Selbstfindung« (1988).

Peter Lauster sieht sich nicht als »Lebenshilfe-Autor«. Er sagt: »Als Schriftsteller kann man das Denken und Fühlen des Lesers in Bewegung bringen. Jeder hilft sich aber selbst, und ich gebe höchstens Impulse zur Selbsthilfe.« Er erhält wöchentlich viele Leserbriefe. Es wird in diesen Briefen oft die Frage gestellt: »Woher nehmen Sie eigentlich die Erkenntnisse, die Sie vermitteln? Woher wissen Sie, daß es richtig ist, was Sie schreiben?« Er antwortet darauf: »Solche Skepsis und Zweifel sind ein positives Zeichen. Man sollte keinem anderen, weder einem Autor noch einer Institution, blind vertrauen. Jeder muß immer für sich selbst überprüfen, ob es auf ihn zutrifft. Ich bin zwar Diplompsychologe, aber das sagt nur etwas darüber aus, daß ich das Examen einer staatlichen Universität abgeschlossen habe, es sagt aber nichts über meine wirklichen Qualifikationen aus. Ich habe die Lehrmeinungen der Psychologie studiert, die Gedankengänge von Sigmund Freud, Alfred Adler, Carl Gustav Jung und ihrer Nachfolger, aber ich habe mich von ihren Lehrmeinungen gelöst. Was ich heute schreibe, kommt aus mir selbst, ich habe mich auf mich selbst besonnen. Seit über zwei Jahrzehnten höre ich mir die seelischen Leiden meiner Mitmenschen an. Daraus bildete ich mir mein eigenes Urteil, unabhängig von Freud, Adler, Jung oder anderen. Ich verfolge keine Theorien, sondern gehe meinen eigenen Weg. Dieser Weg ist keine intellektuelle Theorie, er ist an der Praxis der Tatsachen, am lebendigen Leben orientiert. So ergibt sich heute die seltsame Situation, daß Psychologieprofessoren meine Bücher auf ihrem Nachttisch liegen haben, um als Individuum subjektiv davon zu profitieren, aber als offizielle Lehre vom Katheder dann ihren Studenten etwas anderes vermitteln.«

Ein Leser schrieb: »Ihre Bücher bewirkten bei mir eine Wende. Mir wurde bewußt, *warum* ich so ›funktionierte‹. In anderen Büchern las ich leider nur heraus, ›wie ich sein sollte‹. Damit kam ich nicht zurecht, ja es vertiefte meine Abhängigkeit. Sie haben viel dazu beigetragen, daß ich mich selber verstehen kann. Das, was sie uns da als ›Durchschnittsbürgern‹ mit ihren Büchern in die Hand geben, ist umwälzend und revolutionierend. Es ist ein Wissen, das die Menschen verbessern kann.«

Peter Lauster ist unverheiratet und hat keine Kinder. Tagsüber ist er in der Praxis tätig, gegen Spätnachmittag beginnt er zu schreiben, und am Abend zieht er sich in sein Atelier zurück und widmet sich der Malerei. Seine Hobbys sind die Fotografie, Wandern in der Natur und das Sammeln von Antiquitäten aus Holz. Seine Lieblingsautoren sind Hermann Hesse, Rainer Maria Rilke, Erich Fromm und Alice Miller.

Auf die Frage nach Zukunftsplänen kann er keine konkrete Antwort geben. Er schreibt derzeit an einem neuen Buch, dessen Titel noch nicht feststeht: »Wenn ich schreibe, bin ich zufrieden und glücklich. Ich empfinde vor dem leeren, weißen Papier keine ›Einsamkeit des Autors‹, denn ich sehe meine Leserinnen und Leser in einem Dialog vor mir. Ich schreibe aus Liebe und schwärme von einem Leben in freier Entfaltung der Seele. Mein Leben ist ein Empfangen durch Sensitivität und ein Geben durch Ausdruck mit Wörtern oder Farben und Formen in der Malerei. Ich fühle mich vom seelischen Leben beschenkt und gebe davon eben auf meine Weise möglichst viel wieder zurück.«

Gedankenaustausch
Ein Versuch

Durch die Leserbriefe, die ich täglich erhalte, weiß ich, wie viele einen Gedankenaustausch mit Gleichgesinnten in ihrer Umwelt vermissen. So kam ich auf die Idee, einen Briefclub für Interessierte zu gründen. Deshalb habe ich eine Adreßkarte für die Leserinnen und Leser dieses Buches entwickelt, die mit anderen Lesern gerne in einen Gedankenaustausch treten wollen.

Daß ein Bedürfnis danach besteht, ist aus den vielen Leserbriefen zu ersehen. Ich war sehr überrascht, wie viele Leser malen, Gedichte schreiben und eigene kreative Gedanken entwickeln. Sie leiden oft darunter, daß sie Gesprächspartner im Alltag oft nicht finden, weil viele eine Scheu davor haben, sich zu offenbaren. Es gibt viele Menschen, die sich in dieser normierten Anpassungsgesellschaft ein eigenständiges Seelenleben bewahrt haben und weiter bewahren wollen. Darüber in Kommunikation zu treten, sich auszudrücken, das sollte gefördert werden, und zwar auch durch dieses Experiment.

Die Adressen werden von meinem Sekretariat gespeichert und jedem Interessenten zur Kontaktaufnahme zugesandt. Danach werden in einem Rhythmus von einigen Monaten (ein Jahr lang) die neu eingegangenen Adressen zugestellt. Der Empfang der Adressen verpflichtet natürlich zu nichts. Sie können auch Ihre Adresse selbstverständlich jederzeit wieder löschen lassen. Sie sind nicht verpflichtet, alle Kontaktinteressenten anzuschreiben, oder auf Briefe, die Sie erhalten, zu antworten.

Vorname: _____ Name: _____

Straße: _____

Ort (PLZ): _____

Alter: _____ Hobby: _____

Interessengebiete: _____

_____

_____

Ich bin damit einverstanden, daß meine Adreßkarte an Leser/innen weitergegeben wird, die an einem Gedankenaustausch interessiert sind.

Datum: _____ Unterschrift: _____

Schneiden Sie die Adreßkarte aus, und senden Sie sie mit einem einmaligen Beitrag für die Organisationskosten (20-DM-Schein im Brief) an das Sekretariat P. Lauster, Lüderitzstraße 2, 5000 Köln 60.

Die Anzahl der Adressen, die Sie erhalten können, hängt natürlich von der Zahl der Teilnehmer ab. Es handelt sich um einen Versuch, den Kontakt zwischen den Buchlesern herzustellen, die sich für mehr als nur materielle Oberflächlichkeiten interessieren. Was eines Tages daraus wird, ist noch nicht vorauszusehen. Es wäre schön, wenn dadurch ein Netz geistiger Verbundenheit vieler Menschen entstehen könnte und wenn Sie uns über Ihre gemachten Erfahrungen gelegentlich etwas schreiben würden.

Personen- und Sachregister

Peter Lauster

Lassen Sie sich nichts gefallen

– Die Kunst, sich durchzusetzen –

288 Seiten, 33 Abb., 6 Tabellen, gebunden, Schutzumschlag

Peter Lauster sagt: »Wir müssen uns anders wehren, als wir das bisher praktizieren.« Auf seelische Konflikte und Probleme reagieren die meisten Menschen mit falschem Durchsetzungsverhalten: sie verdrängen, entschuldigen, weichen aus oder lenken ab, sie betäuben sich mit Psychopharmaka oder werden aggressiv, sie ziehen sich in schützende Charaktermasken zurück oder retten sich in psychische Störungen.

Diese und ähnliche Arten, mit der Angst fertig zu werden, sind sogenannte Abwehrmechanismen, sie führen nur zu vorübergehenden Scheinlösungen, denn niemand kann so seine Lebensprobleme auf die Dauer erfolgreich bewältigen. Im Gegenteil: Falsches Durchsetzungsverhalten führt zu neuen Lebenslügen und neuen Zwängen. Peter Lauster zeigt diese Problematik an vielen Beispielen auf. Mit seinem engagierten Buch will er verhindern, daß wir uns weiterhin in Lebenslügen verfangen. Er will dem Leser die Augen öffnen und ihm Mut machen, sich aktiv, erfolgreich und »bewußt« gegen die täglichen Zwänge, Normen, Konformismen und falschen Lebensregeln in Beruf und Alltag zu wehren.

ECON Verlag

Postfach 30 03 21 · 4000 Düsseldorf 30

Peter Lauster

Lebenskunst

– Wege zur inneren Freiheit –

320 Seiten, 7 Illustrationen, gebunden, Schutzumschlag

Von Beginn an wird das Leben des Menschen durch Verhaltensregeln und Anpassungsnormen bestimmt, durch religiöse und moralische Erfahrungen und Informationen geprägt. Verschiedenste Interessengruppen vermitteln diese Informationen: zuerst die Eltern, dann Lehrer, Ausbilder, Freunde, Liebes- und Ehepartner, private und berufliche »Ratgeber« aller Art. Peter Lauster öffnet mit seinem Buch den Weg zur Befreiung und Lösung aus dieser Fremdbestimmung. Er deckt in verständlicher Weise die elementaren innerseelischen Vorgänge auf, die den Menschen als Sozialwesen prägen: Angst und Aggression und die Abwehr dieser als negativ erlebten Gefühle.

Anhand vieler Beispiele aus seiner psychologischen Beratungspraxis macht Lauster deutlich, wo seelische Blockierungen sitzen und wie diese aufgelöst werden können.

Lebenskunst ist ein Prozeß der Loslösung von Fremdbestimmung und damit der Aufbruch zur individuellen inneren Freiheit. Dieses Lösen führt zu Gelassenheit und seelischer Ausgeglichenheit, die ganz neue Liebes- und Glücksempfindung ermöglicht.

ECON Verlag
Postfach 30 03 21 · 4000 Düsseldorf 30

Peter Lauster

Lassen Sie der Seele Flügel wachsen

– Wege aus der Lebensangst –

304 Seiten, 20 Zeichnungen, gebunden, Schutzumschlag

Peter Lauster hat in seiner täglichen Beratungspraxis immer wieder erfahren, daß eines der größten Probleme für den Menschen unserer Zeit in den Industriegesellschaften die Angst ist. Eine Angst, die von den wenigsten klar formuliert werden kann; eine diffuse, neurotische, unbegreifbare Lebensangst. Diese Lebensangst steckt in fast jedem Menschen. Sie kann sich als Spannungszustand, als psychosomatisches Symptom, als innere Unruhe, als Streß äußern. Der Weg aus diesen Angstverstrickungen in die innere Freiheit, Unabhängigkeit, Gelöstheit und Genußfähigkeit fällt schwer. Nur die Erkenntnis und der Abbau unserer inneren Flucht- und Abwehrmechanismen helfen uns zur Selbstfindung und inneren Freiheit. Der Psychologe Peter Lauster macht dem Leser durch Denkanstöße Mut, denn Lebensglück ist als »Lebenskunst« erlernbar. Er zeigt in seinem Buch, wie jeder aus der Zwangsjacke des täglichen Drucks herausfinden und seine inneren Ängste überwinden kann.

ECON Verlag
Postfach 30 03 21 · 4000 Düsseldorf 30